LETÃO

VOCABULÁRIO

PALAVRAS MAIS ÚTEIS

PORTUGUÊS
LETÃO

Para alargar o seu léxico e apurar
as suas competências linguísticas

7000 palavras

T&P BOOKS

Vocabulário Português-Letão - 7000 palavras

Por Andrey Taranov

Os vocabulários da T&P Books destinam-se a ajudar a aprender, a memorizar, e a rever palavras estrangeiras. O dicionário é dividido em temas, cobrindo todas as principais esferas de atividades quotidianas, negócios, ciência, cultura, etc.

O processo de aprendizagem, utilizando os dicionários baseados em temáticas da T&P Books dá-lhe as seguintes vantagens:

- Informação de origem corretamente agrupada predetermina o sucesso em fases subsequentes da memorização de palavras
- Disponibilização de palavras derivadas da mesma raiz, o que permite a memorização de unidades de texto (em vez de palavras separadas)
- Pequenas unidades de palavras facilitam o processo de estabelecimento de vínculos associativos necessários para a consolidação do vocabulário
- O nível de conhecimento da língua pode ser estimado pelo número de palavras aprendidas

T&P Books Publishing
www.tpbooks.com

ISBN: 978-1-78400-889-5

Este livro também está disponível em formato E-book.
Por favor visite www.tpbooks.com ou as principais livrarias on-line.

VOCABULÁRIO LETÃO
palavras mais úteis

Os vocabulários da T&P Books destinam-se a ajudar a aprender, a memorizar, e a rever palavras estrangeiras. O vocabulário contém mais de 7000 palavras de uso comum organizadas tematicamente.

O vocabulário contém as palavras mais comummente usadas
Recomendado como adicional para qualquer curso de línguas
Satisfaz as necessidades dos iniciados e dos alunos avançados de línguas estrangeiras
Conveniente para o uso diário, sessões de revisão e atividades de auto-teste
Permite avaliar o seu vocabulário

Características especias do vocabulário

• As palavras estão organizadas de acordo com o seu significado, e não por ordem alfabética
• As palavras são apresentadas em três colunas para facilitar os processos de revisão e auto-teste
• As palavras compostas são divididas em pequenos blocos para facilitar o processo de aprendizagem
• O vocabulário oferece uma transcrição simples e adequada de cada palavra estrangeira

O vocabulário contém 198 tópicos incluindo:

Conceitos básicos, Números, Cores, Meses, Estações do ano, Unidades de medida, Roupas & Acessórios, Alimentos & Nutrição, Restaurante, Membros da Família, Parentes, Caráter, Sentimentos, Emoções, Doenças, Cidade, Passeios, Compras, Dinheiro, Casa, Lar, Escritório, Trabalho no Escritório, Importação & Exportação, Marketing, Pesquisa de Emprego, Desportos, Educação, Computador, Internet, Ferramentas, Natureza, Países, Nacionalidades e muito mais ...

TABELA DE CONTEÚDOS

GUIA DE PRONUNCIAÇÃO

Letra	Exemplo Letão	Alfabeto fonético T&P	Exemplo Português

Vogais

Letra	Exemplo Letão	Alfabeto fonético T&P	Exemplo Português
A a	adata	[ɑ]	chamar
Ā ā	ābols	[ɑː]	rapaz
E e	egle	[e], [æ]	mover
Ē ē	ērglis	[eː], [æː]	plateia
I i	izcelsme	[i]	sinónimo
Ī ī	īpašums	[iː]	cair
O o	okeāns	[o], [oː]	noite
U u	ubags	[u]	bonita
Ū ū	ūdens	[uː]	blusa

Consoantes

Letra	Exemplo Letão	Alfabeto fonético T&P	Exemplo Português
B b	bads	[b]	barril
C c	cālis	[ts]	tsé-tsé
Č č	čaumala	[tʃ]	Tchau!
D d	dambis	[d]	dentista
F f	flauta	[f]	safári
G g	gads	[g]	gosto
Ģ ģ	ģitāra	[dʲ]	adiar
H h	haizivs	[h]	[h] aspirada
J j	janvāris	[j]	géiser
K k	kabata	[k]	kiwi
Ķ ķ	ķilava	[tʲ/tʃʲ]	semelhante a 't' em 'sitiado'
L l	labība	[l]	libra
Ļ ļ	ļaudis	[ʎ]	barulho
M m	magone	[m]	magnólia
N n	nauda	[n]	natureza
Ņ ņ	ņaudēt	[ɲ]	ninhada
P p	pakavs	[p]	presente
R r	ragana	[r]	riscar
S s	sadarbība	[s]	sanita
Š š	šausmas	[ʃ]	mês
T t	tabula	[t]	tulipa
V v	vabole	[v]	fava

Letra	Exemplo Letão	Alfabeto fonético T&P	Exemplo Português
Z z	zaglis	[z]	sésamo
Ž ž	žagata	[ʒ]	talvez

Comentários

* As letras **Qq, Ww, Xx, Yy** são usadas apenas em estrangeirismos
** O Letão oficial e, com poucas exceções, todos os dialetos da Letónia têm acentuação fixa inicial.

ABREVIATURAS
usadas no vocabulário

Abreviaturas do Português

adj	-	adjetivo
adv	-	advérbio
anim.	-	animado
conj.	-	conjunção
desp.	-	desporto
etc.	-	etecetra
ex.	-	por exemplo
f	-	nome feminino
f pl	-	feminino plural
fem.	-	feminino
inanim.	-	inanimado
m	-	nome masculino
m pl	-	masculino plural
m, f	-	masculino, feminino
masc.	-	masculino
mat.	-	matemática
mil.	-	militar
pl	-	plural
prep.	-	preposição
pron.	-	pronome
sb.	-	sobre
sing.	-	singular
v aux	-	verbo auxiliar
vi	-	verbo intransitivo
vi, vt	-	verbo intransitivo, transitivo
vr	-	verbo reflexivo
vt	-	verbo transitivo

Abreviaturas do Letão

s	-	nome feminino
s dsk	-	feminino plural
v	-	nome masculino
v dsk	-	masculino plural
v, s	-	masculino, feminino

CONCEITOS BÁSICOS

Conceitos básicos. Parte 1

1. Pronomes

eu	es	[es]
tu	tu	[tu]
ele	viņš	[viɲʃ]
ela	viņa	[viɲa]
ele, ela (neutro)	tas	[tas]
nós	mēs	[me:s]
vocês	jūs	[ju:s]
eles, elas	viņi	[viɲi]

2. Cumprimentos. Saudações. Despedidas

Olá!	Sveiki!	[svɛiki!]
Bom dia! (formal)	Esiet sveicināts!	[ɛsiɛt svɛitsina:ts!]
Bom dia! (de manhã)	Labrīt!	[labri:t!]
Boa tarde!	Labdien!	[labdiɛn!]
Boa noite!	Labvakar!	[labvakar!]
cumprimentar (vt)	sveicināt	[svɛitsina:t]
Olá!	Čau!	[tʃau!]
saudação (f)	sveiciens (v)	[svɛitsiɛns]
saudar (vt)	pasveicināt	[pasvɛitsina:t]
Como vai?	Kā iet?	[ka: iɛt?]
O que há de novo?	Kas jauns?	[kas jauns?]
Adeus! (formal)	Uz redzēšanos!	[uz redze:ʃanɔs!]
Até à vista! (informal)	Atā!	[ata:!]
Até breve!	Uz tikšanos!	[uz tikʃanɔs!]
Adeus!	Ardievu!	[ardiɛvu!]
despedir-se (vr)	atvadīties	[atvadi:tiɛs]
Até logo!	Nu tad pagaidām!	[nu tad pagaida:m!]
Obrigado! -a!	Paldies!	[paldiɛs!]
Muito obrigado! -a!	Liels paldies!	[liɛls paldiɛs!]
De nada	Lūdzu	[lu:dzu]
Não tem de quê	Nav par ko	[nav par kɔ]
De nada	Nav par ko	[nav par kɔ]
Desculpa!	Atvaino!	[atvaino!]
Desculpe!	Atvainojiet!	[atvainɔjiɛt!]

desculpar (vt)	piedot	[piɛdɔt]
desculpar-se (vr)	atvainoties	[atvainotiɛs]
As minhas desculpas	Es atvainojos	[es atvainɔjɔs]
Desculpe!	Piedodiet!	[piɛdɔdiɛt!]
perdoar (vt)	piedot	[piɛdɔt]
Não faz mal	Tas nekas	[tas nɛkas]
por favor	lūdzu	[luːdzu]

Não se esqueça!	Neaizmirstiet!	[neaizmirstiɛt!]
Certamente! Claro!	Protams!	[prɔtams!]
Claro que não!	Protams, ka nē!	[prɔtams, ka neː!]
Está bem! De acordo!	Piekrītu!	[piɛkriːtu!]
Basta!	Pietiek!	[piɛtiɛk!]

3. Números cardinais. Parte 1

zero	nulle	[nulle]
um	viens	[viɛns]
dois	divi	[divi]
três	trīs	[triːs]
quatro	četri	[tʃetri]

cinco	pieci	[piɛtsi]
seis	seši	[seʃi]
sete	septiņi	[septiɲi]
oito	astoņi	[astɔɲi]
nove	deviņi	[deviɲi]

dez	desmit	[desmit]
onze	vienpadsmit	[viɛnpadsmit]
doze	divpadsmit	[divpadsmit]
treze	trīspadsmit	[triːspadsmit]
catorze	četrpadsmit	[tʃetrpadsmit]

quinze	piecpadsmit	[piɛtspadsmit]
dezasseis	sešpadsmit	[seʃpadsmit]
dezassete	septiņpadsmit	[septiɲpadsmit]
dezoito	astoņpadsmit	[astɔɲpadsmit]
dezanove	deviņpadsmit	[deviɲpadsmit]

vinte	divdesmit	[divdesmit]
vinte e um	divdesmit viens	[divdesmit viɛns]
vinte e dois	divdesmit divi	[divdesmit divi]
vinte e três	divdesmit trīs	[divdesmit triːs]

trinta	trīsdesmit	[triːsdesmit]
trinta e um	trīsdesmit viens	[triːsdesmit viɛns]
trinta e dois	trīsdesmit divi	[triːsdesmit divi]
trinta e três	trīsdesmit trīs	[triːsdesmit triːs]

quarenta	četrdesmit	[tʃetrdesmit]
quarenta e um	četrdesmit viens	[tʃetrdesmit viɛns]
quarenta e dois	četrdesmit divi	[tʃetrdesmit divi]
quarenta e três	četrdesmit trīs	[tʃetrdesmit triːs]

cinquenta	piecdesmit	[piɛtsdesmit]
cinquenta e um	piecdesmit viens	[piɛtsdesmit viɛns]
cinquenta e dois	piecdesmit divi	[piɛtsdesmit divi]
cinquenta e três	piecdesmit trīs	[piɛtsdesmit tri:s]

sessenta	sešdesmit	[seʃdesmit]
sessenta e um	sešdesmit viens	[seʃdesmit viɛns]
sessenta e dois	sešdesmit divi	[seʃdesmit divi]
sessenta e três	sešdesmit trīs	[seʃdesmit tri:s]

setenta	septiņdesmit	[septiŋdesmit]
setenta e um	septiņdesmit viens	[septiŋdesmit viɛns]
setenta e dois	septiņdesmit divi	[septiŋdesmit divi]
setenta e três	septiņdesmit trīs	[septiŋdesmit tri:s]

oitenta	astoņdesmit	[astɔŋdesmit]
oitenta e um	astoņdesmit viens	[astɔŋdesmit viɛns]
oitenta e dois	astoņdesmit divi	[astɔŋdesmit divi]
oitenta e três	astoņdesmit trīs	[astɔŋdesmit tri:s]

noventa	deviņdesmit	[deviŋdesmit]
noventa e um	deviņdesmit viens	[deviŋdesmit viɛns]
noventa e dois	deviņdesmit divi	[deviŋdesmit divi]
noventa e três	deviņdesmit trīs	[deviŋdesmit tri:s]

4. Números cardinais. Parte 2

cem	simts	[simts]
duzentos	divsimt	[divsimt]
trezentos	trīssimt	[tri:simt]
quatrocentos	četrsimt	[tʃetrsimt]
quinhentos	piecsimt	[piɛtsimt]

seiscentos	sešsimt	[seʃsimt]
setecentos	septiņsimt	[septiŋsimt]
oitocentos	astoņsimt	[astɔŋsimt]
novecentos	deviņsimt	[deviŋsimt]

mil	tūkstotis	[tu:kstɔtis]
dois mil	divi tūkstoši	[divi tu:kstɔʃi]
De quem são ...?	trīs tūkstoši	[tri:s tu:kstɔʃi]
dez mil	desmit tūkstoši	[desmit tu:kstɔʃi]
cem mil	simt tūkstoši	[simt tu:kstɔʃi]
um milhão	miljons (v)	[miljɔns]
mil milhões	miljards (v)	[miljards]

5. Números. Frações

fração (f)	daļskaitlis (v)	[dalʲskaitlis]
um meio	puse	[puse]
um terço	viena trešdaļa	[viɛna treʃdalʲa]
um quarto	viena ceturtdaļa	[viɛna tsɛturtdalʲa]

um oitavo	viena astotā	[viɛna astɔta:]
um décimo	viena desmitā	[viɛna desmita:]
dois terços	divas trešdaļas	[divas treʃdalʲas]
três quartos	trīs ceturtdaļas	[tri:s tsɛturtdalʲas]

6. Números. Operações básicas

subtração (f)	atņemšana (s)	[atɳemʃana]
subtrair (vi, vt)	atņemt	[atɳemt]
divisão (f)	dalīšana (s)	[dali:ʃana]
dividir (vt)	dalīt	[dali:t]

adição (f)	saskaitīšana (s)	[saskaiti:ʃana]
somar (vt)	saskaitīt	[saskaiti:t]
adicionar (vt)	pieskaitīt	[piɛskaiti:t]
multiplicação (f)	reizināšana (s)	[rɛizina:ʃana]
multiplicar (vt)	reizināt	[rɛizina:t]

7. Números. Diversos

algarismo, dígito (m)	cipars (v)	[tsipars]
número (m)	skaitlis (v)	[skaitlis]
numeral (m)	numerālis (v)	[numɛra:lis]
menos (m)	mīnuss (v)	[mi:nus]
mais (m)	pluss (v)	[plus]
fórmula (f)	formula (s)	[fɔrmula]

cálculo (m)	aprēķināšana (s)	[apre:tʲina:ʃana]
contar (vt)	skaitīt	[skaiti:t]
calcular (vt)	sarēķināt	[sare:tʲina:t]
comparar (vt)	salīdzināt	[sali:dzina:t]

| Quanto? | Cik? | [tsik?] |
| Quantos? -as? | Cik daudz? | [tsik daudz?] |

soma (f)	summa (s)	[summa]
resultado (m)	rezultāts (v)	[rɛzulta:ts]
resto (m)	atlikums (v)	[atlikums]

alguns, algumas ...	daži	[daʒi]
um pouco de ...	maz ...	[maz ...]
poucos, -as (~ pessoas)	daži	[daʒi]
um pouco (~ de vinho)	mazliet	[mazliet]
resto (m)	pārējais	[pa:re:jais]

| um e meio | pusotra | [pusɔtra] |
| dúzia (f) | ducis (v) | [dutsis] |

ao meio	uz pusēm	[uz puse:m]
em partes iguais	vienlīdzīgi	[viɛnli:dzi:gi]
metade (f)	puse (s)	[puse]
vez (f)	reize (s)	[rɛize]

8. Os verbos mais importantes. Parte 1

abrir (vt)	atvērt	[atve:rt]
acabar, terminar (vt)	beigt	[bɛigt]
aconselhar (vt)	dot padomu	[dɔt padɔmu]
adivinhar (vt)	uzminēt	[uzmine:t]
advertir (vt)	brīdināt	[bri:dina:t]

ajudar (vt)	palīdzēt	[pali:dze:t]
almoçar (vi)	pusdienot	[pusdiɛnɔt]
alugar (~ um apartamento)	īrēt	[i:re:t]
amar (vt)	mīlēt	[mi:le:t]
ameaçar (vt)	draudēt	[draude:t]

anotar (escrever)	pierakstīt	[piɛraksti:t]
apanhar (vt)	ķert	[tʲert]
apressar-se (vr)	steigties	[stɛigtiɛs]
arrepender-se (vr)	nožēlot	[nɔʒe:lɔt]
assinar (vt)	parakstīt	[paraksti:t]
atirar, disparar (vi)	šaut	[ʃaut]
brincar (vi)	jokot	[jɔkɔt]
brincar, jogar (crianças)	spēlēt	[spɛ:le:t]
buscar (vt)	meklēt ...	[mekle:t ...]
caçar (vi)	medīt	[medi:t]

cair (vi)	krist	[krist]
cavar (vt)	rakt	[rakt]
cessar (vt)	pārtraukt	[pa:rtraukt]
chamar (~ por socorro)	saukt	[saukt]
chegar (vi)	atbraukt	[atbraukt]
chorar (vi)	raudāt	[rauda:t]
começar (vt)	sākt	[sa:kt]
comparar (vt)	salīdzināt	[sali:dzina:t]
compreender (vt)	saprast	[saprast]
concordar (vi)	piekrist	[piɛkrist]
confiar (vt)	uzticēt	[uztitse:t]

confundir (equivocar-se)	sajaukt	[sajaukt]
conhecer (vt)	pazīt	[pazi:t]
contar (fazer contas)	sarēķināt	[sare:tʲina:t]
contar com (esperar)	paļauties uz ...	[palʲauties uz ...]
continuar (vt)	turpināt	[turpina:t]

controlar (vt)	kontrolēt	[kɔntrɔle:t]
convidar (vt)	ielūgt	[iɛlu:gt]
correr (vi)	skriet	[skriɛt]
criar (vt)	izveidot	[izvɛidɔt]
custar (vt)	maksāt	[maksa:t]

9. Os verbos mais importantes. Parte 2

dar (vt)	dot	[dɔt]
dar uma dica	dot mājienu	[dɔt ma:jiɛnu]

decorar (enfeitar)	izrotāt	[izrɔta:t]
defender (vt)	aizstāvēt	[aizsta:ve:t]
deixar cair (vt)	nomest	[nɔmest]

descer (para baixo)	nokāpt	[nɔka:pt]
desculpar (vt)	piedot	[piɛdɔt]
desculpar-se (vr)	atvainoties	[atvainɔtiɛs]
dirigir (~ uma empresa)	vadīt	[vadi:t]
discutir (notícias, etc.)	apspriest	[apspriɛst]
dizer (vt)	teikt	[tɛikt]

duvidar (vt)	šaubīties	[ʃaubi:tiɛs]
encontrar (achar)	atrast	[atrast]
enganar (vt)	krāpt	[kra:pt]
entrar (na sala, etc.)	ieiet	[iɛiɛt]
enviar (uma carta)	sūtīt	[su:ti:t]
errar (equivocar-se)	kļūdīties	[klʲu:di:tiɛs]
escolher (vt)	izvēlēties	[izvɛ:le:tiɛs]
esconder (vt)	slēpt	[sle:pt]
escrever (vt)	rakstīt	[raksti:t]
esperar (o autocarro, etc.)	gaidīt	[gaidi:t]

esperar (ter esperança)	cerēt	[tsɛre:t]
esquecer (vt)	aizmirst	[aizmirst]
estudar (vt)	pētīt	[pe:ti:t]
exigir (vt)	prasīt	[prasi:t]
existir (vi)	eksistēt	[eksiste:t]

explicar (vt)	paskaidrot	[paskaidrɔt]
falar (vi)	runāt	[runa:t]
faltar (clases, etc.)	kavēt	[kave:t]
fazer (vt)	darīt	[dari:t]
ficar em silêncio	klusēt	[kluse:t]
gabar-se, jactar-se (vr)	lielīties	[liɛli:tiɛs]

gostar (apreciar)	patikt	[patikt]
gritar (vi)	kliegt	[kliɛgt]
guardar (cartas, etc.)	uzglabāt	[uzglaba:t]
informar (vt)	informēt	[infɔrme:t]
insistir (vi)	uzstāt	[uzsta:t]

insultar (vt)	aizvainot	[aizvainɔt]
interessar-se (vr)	interesēties	[intɛrɛse:tiɛs]
ir (a pé)	iet	[iɛt]
ir nadar	peldēties	[pelde:tiɛs]
jantar (vi)	vakariņot	[vakariɲɔt]

10. Os verbos mais importantes. Parte 3

ler (vt)	lasīt	[lasi:t]
libertar (cidade, etc.)	atbrīvot	[atbri:vɔt]
matar (vt)	nogalināt	[nɔgalina:t]
mencionar (vt)	pieminēt	[piɛmine:t]
mostrar (vt)	parādīt	[para:di:t]

mudar (modificar)	mainīt	[maini:t]
nadar (vi)	peldēt	[pelde:t]
negar-se a ...	atteikties	[attɛiktiɛs]
objetar (vt)	iebilst	[iɛbilst]

ordenar (mil.)	pavēlēt	[pavɛ:le:t]
ouvir (vt)	dzirdēt	[dzirde:t]
pagar (vt)	maksāt	[maksa:t]
parar (vi)	apstāties	[apsta:tiɛs]

participar (vi)	piedalīties	[piɛdali:tiɛs]
pedir (comida)	pasūtīt	[pasu:ti:t]
pedir (um favor, etc.)	lūgt	[lu:gt]
pegar (tomar)	ņemt	[ɲemt]
pensar (vt)	domāt	[dɔma:t]

perceber (ver)	pamanīt	[pamani:t]
perdoar (vt)	piedot	[piɛdɔt]
perguntar (vt)	jautāt	[jauta:t]
permitir (vt)	atļaut	[atlʲaut]
pertencer a ...	piederēt	[piɛdɛre:t]

planear (vt)	plānot	[pla:nɔt]
poder (vi)	spēt	[spe:t]
possuir (vt)	pārvaldīt	[pa:rvaldi:t]
preferir (vt)	dot priekšroku	[dɔt priɛkʃrɔku]
preparar (vt)	gatavot	[gatavɔt]

prever (vt)	paredzēt	[paredze:t]
prometer (vt)	solīt	[sɔli:t]
pronunciar (vt)	izrunāt	[izruna:t]
propor (vt)	piedāvāt	[piɛda:va:t]
punir (castigar)	sodīt	[sɔdi:t]

11. Os verbos mais importantes. Parte 4

quebrar (vt)	lauzt	[lauzt]
queixar-se (vr)	sūdzēties	[su:dze:tiɛs]
querer (desejar)	gribēt	[gribe:t]
recomendar (vt)	ieteikt	[iɛtɛikt]
repetir (dizer outra vez)	atkārtot	[atka:rtɔt]

repreender (vt)	lamāt	[lama:t]
reservar (~ um quarto)	rezervēt	[rɛzerve:t]
responder (vt)	atbildēt	[atbilde:t]
rezar, orar (vi)	lūgties	[lu:gtiɛs]
rir (vi)	smieties	[smiɛtiɛs]

roubar (vt)	zagt	[zagt]
saber (vt)	zināt	[zina:t]
sair (~ de casa)	iziet	[iziɛt]
salvar (vt)	glābt	[gla:bt]
seguir ...	sekot ...	[sekɔt ...]
sentar-se (vr)	sēsties	[se:stiɛs]

ser necessário	būt vajadzīgam	[buːt vajadziːgam]
ser, estar	būt	[buːt]
significar (vt)	nozīmēt	[nɔziːmeːt]

sorrir (vi)	smaidīt	[smaidiːt]
subestimar (vt)	par zemu vērtēt	[par zɛmu veːrteːt]
surpreender-se (vr)	brīnīties	[briːniːtiɛs]
tentar (vt)	mēģināt	[meːdʲinaːt]

ter (vt)	būt	[buːt]
ter fome	gribēt ēst	[gribeːt eːst]
ter medo	baidīties	[baidiːtiɛs]
ter sede	gribēt dzert	[gribeːt dzert]

tocar (com as mãos)	pieskarties	[piɛskartiɛs]
tomar o pequeno-almoço	brokastot	[brɔkastɔt]
trabalhar (vi)	strādāt	[straːdaːt]
traduzir (vt)	tulkot	[tulkɔt]
unir (vt)	apvienot	[apviɛnɔt]

vender (vt)	pārdot	[paːrdɔt]
ver (vt)	redzēt	[redzeːt]
virar (ex. ~ à direita)	pagriezties	[pagriɛztiɛs]
voar (vi)	lidot	[lidɔt]

12. Cores

cor (f)	krāsa (s)	[kraːsa]
matiz (m)	nokrāsa (s)	[nɔkraːsa]
tom (m)	tonis (v)	[tɔnis]
arco-íris (m)	varavīksne (s)	[varaviːksne]

branco	balts	[balts]
preto	melns	[melns]
cinzento	pelēks	[pɛleːks]

verde	zaļš	[zalʲʃ]
amarelo	dzeltens	[dzeltens]
vermelho	sarkans	[sarkans]

azul	zils	[zils]
azul claro	gaiši zils	[gaiʃi zils]
rosa	rozā	[rɔzaː]
laranja	oranžs	[ɔranʒs]
violeta	violets	[viɔlets]
castanho	brūns	[bruːns]

| dourado | zelta | [zelta] |
| prateado | sudrabains | [sudrabains] |

bege	bēšs	[beːʃs]
creme	krēmkrāsas	[kreːmkraːsas]
turquesa	zilganzaļš	[zilganzalʲʃ]
vermelho cereja	ķiršu brīns	[tʲirʃu briːns]

| lilás | lillā | [lilla:] |
| carmesim | aveŋkrāsas | [aveɲkra:sas] |

claro	gaišs	[gaiʃs]
escuro	tumšs	[tumʃs]
vivo	spilgts	[spilgts]

de cor	krāsains	[kra:sains]
a cores	krāsains	[kra:sains]
preto e branco	melnbalts	[melnbalts]
unicolor	vienkrāsains	[viɛnkra:sains]
multicor	daudzkrāsains	[daudzkra:sains]

13. Questões

Quem?	Kas?	[kas?]
Que?	Kas?	[kas?]
Onde?	Kur?	[kur?]
Para onde?	Uz kurieni?	[uz kuriɛni?]
De onde?	No kurienes?	[nɔ kuriɛnes?]
Quando?	Kad?	[kad?]
Para quê?	Kādēļ?	[ka:de:ʎ?]
Porquê?	Kāpēc?	[ka:pe:ts?]

Para quê?	Kam?	[kam?]
Como?	Kā?	[ka:?]
Qual?	Kāds?	[ka:ds?]
Qual? (entre dois ou mais)	Kurš?	[kurʃ?]

A quem?	Kam?	[kam?]
Sobre quem?	Par kuru?	[par kuru?]
Do quê?	Par ko?	[par kɔ?]
Com quem?	Ar ko?	[ar kɔ?]

Quantos? -as?	Cik daudz?	[tsik daudz?]
Quanto?	Cik?	[tsik?]
De quem?	Kura? Kuras? Kuru?	[kura?], [kuras?], [kuru?]

14. Palavras funcionais. Advérbios. Parte 1

Onde?	Kur?	[kur?]
aqui	šeit	[ʃɛit]
lá, ali	tur	[tur]

| em algum lugar | kaut kur | [kaut kur] |
| em lugar nenhum | nekur | [nɛkur] |

| ao pé de ... | pie ... | [piɛ ...] |
| ao pé da janela | pie loga | [piɛ lɔga] |

| Para onde? | Uz kurieni? | [uz kuriɛni?] |
| para cá | šurp | [ʃurp] |

para lá	turp	[turp]
daqui	no šejienes	[nɔ ʃejiɛnes]
de lá, dali	no turienes	[nɔ turiɛnes]

perto	tuvu	[tuvu]
longe	tālu	[ta:lu]

perto de ...	pie	[piɛ]
ao lado de	blakus	[blakus]
perto, não fica longe	netālu	[nɛta:lu]

esquerdo	kreisais	[krɛisais]
à esquerda	pa kreisi	[pa krɛisi]
para esquerda	pa kreisi	[pa krɛisi]

direito	labais	[labais]
à direita	pa labi	[pa labi]
para direita	pa labi	[pa labi]

à frente	priekšā	[priɛkʃa:]
da frente	priekšējs	[priɛkʃe:js]
em frente (para a frente)	uz priekšu	[uz priɛkʃu]

atrás de ...	mugurpusē	[mugurpuse:]
por detrás (vir ~)	no mugurpuses	[nɔ mugurpuses]
para trás	atpakaļ	[atpakalʲ]

meio (m), metade (f)	vidus (v)	[vidus]
no meio	vidū	[vidu:]

de lado	sānis	[sa:nis]
em todo lugar	visur	[visur]
ao redor (olhar ~)	apkārt	[apka:rt]

de dentro	no iekšpuses	[nɔ iɛkʃpuses]
para algum lugar	kaut kur	[kaut kur]
diretamente	taisni	[taisni]
de volta	atpakaļ	[atpakalʲ]

de algum lugar	no kaut kurienes	[nɔ kaut kuriɛnes]
de um lugar	nez no kurienes	[nez nɔ kuriɛnes]

em primeiro lugar	pirmkārt	[pirmka:rt]
em segundo lugar	otrkārt	[ɔtrka:rt]
em terceiro lugar	treškārt	[treʃka:rt]

de repente	pēkšņi	[pe:kʃɲi]
no início	sākumā	[sa:kuma:]
pela primeira vez	pirmo reizi	[pirmɔ rɛizi]
muito antes de ...	ilgu laiku pirms ...	[ilgu laiku pirms ...]
de novo, novamente	no jauna	[nɔ jauna]
para sempre	uz visiem laikiem	[uz visiɛm laikiɛm]

nunca	nekad	[nɛkad]
de novo	atkal	[atkal]
agora	tagad	[tagad]

frequentemente	bieži	[biɛʒi]
então	tad	[tad]
urgentemente	steidzami	[stɛidzami]
usualmente	parasti	[parasti]

a propósito, ...	starp citu ...	[starp tsitu ...]
é possível	iespējams	[iɛspe:jams]
provavelmente	ticams	[titsams]
talvez	varbūt	[varbu:t]
além disso, ...	turklāt, ...	[turkla:t, ...]
por isso ...	tādēļ ...	[ta:de:lʲ ...]
apesar de ...	neskatoties uz ...	[neskatɔties uz ...]
graças a ...	pateicoties ...	[patɛitsɔties ...]

que (pron.)	kas	[kas]
que (conj.)	kas	[kas]
algo	kaut kas	[kaut kas]
alguma coisa	kaut kas	[kaut kas]
nada	nekas	[nɛkas]

quem	kas	[kas]
alguém (~ teve uma ideia ...)	kāds	[ka:ds]
alguém	kāds	[ka:ds]

ninguém	neviens	[neviɛns]
para lugar nenhum	nekur	[nɛkur]
de ninguém	neviena	[neviɛna]
de alguém	kāda	[ka:da]

tão	tā	[ta:]
também (gostaria ~ de ...)	tāpat	[ta:pat]
também (~ eu)	arī	[ari:]

15. Palavras funcionais. Advérbios. Parte 2

Porquê?	Kāpēc?	[ka:pe:ts?]
por alguma razão	nez kāpēc	[nez ka:pe:ts]
porque ...	tāpēc ka ...	[ta:pe:ts ka ...]
por qualquer razão	nez kādēļ	[nez ka:de:lʲ]

e (tu ~ eu)	un	[un]
ou (ser ~ não ser)	vai	[vai]
mas (porém)	bet	[bet]
para (~ a minha mãe)	priekš	[priɛkʃ]

demasiado, muito	pārāk	[pa:ra:k]
só, somente	tikai	[tikai]
exatamente	tieši	[tiɛʃi]
cerca de (~ 10 kg)	apmēram	[apmɛ:ram]

aproximadamente	aptuveni	[aptuveni]
aproximado	aptuvens	[aptuvens]
quase	gandrīz	[gandri:z]
resto (m)	pārējais	[pa:re:jais]

o outro (segundo)	cits	[tsits]
outro	cits	[tsits]
cada	katrs	[katrs]
qualquer	jebkurš	[jebkurʃ]
muito	daudz	[daudz]
muitas pessoas	daudzi	[daudzi]
todos	visi	[visi]

em troca de …	apmaiņā pret …	[apmaiɲa: pret …]
em troca	pretī	[preti:]
à mão	ar rokām	[ar rɔka:m]
pouco provável	diez vai	[diɛz vai]

provavelmente	laikam	[laikam]
de propósito	tīšām	[ti:ʃa:m]
por acidente	nejauši	[nejauʃi]

muito	ļoti	[ljɔti]
por exemplo	piemēram	[piɛmɛ:ram]
entre	starp	[starp]
entre (no meio de)	vidū	[vidu:]
tanto	tik daudz	[tik daudz]
especialmente	īpaši	[i:paʃi]

Conceitos básicos. Parte 2

16. Opostos

rico	**bagāts**	[baga:ts]
pobre	**nabags**	[nabags]
doente	**slims**	[slims]
são	**vesels**	[vɛsɛls]
grande	**liels**	[liɛls]
pequeno	**mazs**	[mazs]
rapidamente	**ātri**	[a:tri]
lentamente	**lēni**	[le:ni]
rápido	**ātrs**	[a:trs]
lento	**lēns**	[le:ns]
alegre	**jautrs**	[jautrs]
triste	**skumjš**	[skumjʃ]
juntos	**kopā**	[kɔpa:]
separadamente	**atsevišķi**	[atseviʃtʲi]
em voz alta (ler ~)	**skaļi**	[skalʲi]
para si (em silêncio)	**klusībā**	[klusi:ba:]
alto	**garš**	[garʃ]
baixo	**zems**	[zems]
profundo	**dziļš**	[dzilʲʃ]
pouco fundo	**sekls**	[sekls]
sim	**jā**	[ja:]
não	**nē**	[ne:]
distante (no espaço)	**tāls**	[ta:ls]
próximo	**tuvs**	[tuvs]
longe	**tālu**	[ta:lu]
perto	**blakus**	[blakus]
longo	**garš**	[garʃ]
curto	**īss**	[i:s]
bom, bondoso	**labs**	[labs]
mau	**ļauns**	[lʲauns]
casado	**precēts**	[pretse:ts]

solteiro	**neprecēts**	[nepretse:ts]
proibir (vt)	**aizliegt**	[aizliɛgt]
permitir (vt)	**atļaut**	[atlʲaut]
fim (m)	**beigas** (s dsk)	[bɛigas]
começo (m)	**sākums** (v)	[sa:kums]
esquerdo	**kreisais**	[krɛisais]
direito	**labais**	[labais]
primeiro	**pirmais**	[pirmais]
último	**pēdējais**	[pɛ:de:jais]
crime (m)	**noziegums** (v)	[nɔziɛgums]
castigo (m)	**sods** (v)	[sɔds]
ordenar (vt)	**pavēlēt**	[pavɛ:le:t]
obedecer (vt)	**paklausīt**	[paklausi:t]
reto	**taisns**	[taisns]
curvo	**līks**	[li:ks]
paraíso (m)	**paradīze** (s)	[paradi:ze]
inferno (m)	**elle** (s)	[elle]
nascer (vi)	**piedzimt**	[piɛdzimt]
morrer (vi)	**nomirt**	[nɔmirt]
forte	**stiprs**	[stiprs]
fraco, débil	**vājš**	[va:jʃ]
idoso	**vecs**	[vets]
jovem	**jauns**	[jauns]
velho	**vecs**	[vets]
novo	**jauns**	[jauns]
duro	**ciets**	[tsiɛts]
mole	**mīksts**	[mi:ksts]
tépido	**silts**	[silts]
frio	**auksts**	[auksts]
gordo	**resns**	[resns]
magro	**tievs**	[tiɛvs]
estreito	**šaurs**	[ʃaurs]
largo	**plats**	[plats]
bom	**labs**	[labs]
mau	**slikts**	[slikts]
valente	**drosmīgs**	[drɔsmi:gs]
cobarde	**gļēvulīgs**	[glʲɛ:vuli:gs]

17. Dias da semana

segunda-feira (f)	pirmdiena (s)	[pirmdiɛna]
terça-feira (f)	otrdiena (s)	[ɔtrdiɛna]
quarta-feira (f)	trešdiena (s)	[treʃdiɛna]
quinta-feira (f)	ceturtdiena (s)	[tsɛturtdiɛna]
sexta-feira (f)	piektdiena (s)	[piɛktdiɛna]
sábado (m)	sestdiena (s)	[sestdiɛna]
domingo (m)	svētdiena (s)	[sve:tdiɛna]

hoje	šodien	[ʃodiɛn]
amanhã	rīt	[ri:t]
depois de amanhã	parīt	[pari:t]
ontem	vakar	[vakar]
anteontem	aizvakar	[aizvakar]

dia (m)	diena (s)	[diɛna]
dia (m) de trabalho	darba diena (s)	[darba diɛna]
feriado (m)	svētku diena (s)	[sve:tku diɛna]
dia (m) de folga	brīvdiena (s)	[bri:vdiɛna]
fim (m) de semana	brīvdienas (s dsk)	[bri:vdiɛnas]

o dia todo	visa diena	[visa diɛna]
no dia seguinte	nākamajā dienā	[na:kamaja: diɛna:]
há dois dias	pirms divām dienām	[pirms diva:m diɛna:m]
na véspera	dienu iepriekš	[diɛnu iɛpriɛkʃ]
diário	ikdienas	[igdiɛnas]
todos os dias	katru dienu	[katru diɛnu]

semana (f)	nedēļa (s)	[nɛdɛ:ʎa]
na semana passada	pagājušajā nedēļā	[paga:juʃaja: nɛdɛ:ʎa:]
na próxima semana	nākamajā nedēļā	[na:kamaja: nɛdɛ:ʎa:]
semanal	iknedēļas	[iknɛdɛ:ʎas]
cada semana	katru nedēļu	[katru nɛdɛ:ʎu]
duas vezes por semana	divas reizes nedēļā	[divas rɛizes nɛdɛ:ʎa:]
cada terça-feira	katru otrdienu	[katru ɔtrdiɛnu]

18. Horas. Dia e noite

manhã (f)	rīts (v)	[ri:ts]
de manhã	no rīta	[nɔ ri:ta]
meio-dia (m)	pusdiena (s)	[pusdiɛna]
à tarde	pēcpusdienā	[pe:tspusdiɛna:]

noite (f)	vakars (v)	[vakars]
à noite (noitinha)	vakarā	[vakara:]
noite (f)	nakts (s)	[nakts]
à noite	naktī	[nakti:]
meia-noite (f)	pusnakts (s)	[pusnakts]

segundo (m)	sekunde (s)	[sɛkunde]
minuto (m)	minūte (s)	[minu:te]
hora (f)	stunda (s)	[stunda]

meia hora (f)	pusstunda	[pustunda]
quarto (m) de hora	stundas ceturksnis (v)	[stundas tsɛturksnis]
quinze minutos	piecpadsmit minūtes	[piɛtspadsmit minu:tes]
vinte e quatro horas	diennakts (s)	[diɛnnakts]

nascer (m) do sol	saullēkts (v)	[saulle:kts]
amanhecer (m)	rītausma (s)	[ri:tausma]
madrugada (f)	agrs rīts (v)	[agrs ri:ts]
pôr do sol (m)	saulriets (v)	[saulriɛts]

de madrugada	agri no rīta	[agri nɔ ri:ta]
hoje de manhã	šorīt	[ʃɔri:t]
amanhã de manhã	rīt no rīta	[ri:t nɔ ri:ta]

hoje à tarde	šodien	[ʃɔdiɛn]
à tarde	pēcpusdienā	[pe:tspusdiɛna:]
amanhã à tarde	rīt pēcpusdienā	[ri:t pe:tspusdiɛna:]

hoje à noite	šovakar	[ʃɔvakar]
amanhã à noite	rītvakar	[ri:tvakar]

às três horas em ponto	tieši trijos	[tiɛʃi trijɔs]
por volta das quatro	ap četriem	[ap tʃetriɛm]
às doze	ap divpadsmitiem	[ap divpadsmitiɛm]

dentro de vinte minutos	pēc divdesmit minūtēm	[pe:ts divdesmit minu:te:m]
dentro duma hora	pēc stundas	[pe:ts stundas]
a tempo	laikā	[laika:]

menos um quarto	bez ceturkšņa ...	[bez tsɛturkʃɲa ...]
durante uma hora	stundas laikā	[stundas laika:]
a cada quinze minutos	katras piecpadsmit minūtes	[katras piɛtspadsmit minu:tes]
as vinte e quatro horas	caurām dienām	[tsaura:m diɛna:m]

19. Meses. Estações

janeiro (m)	janvāris (v)	[janva:ris]
fevereiro (m)	februāris (v)	[februa:ris]
março (m)	marts (v)	[marts]
abril (m)	aprīlis (v)	[apri:lis]
maio (m)	maijs (v)	[maijs]
junho (m)	jūnijs (v)	[ju:nijs]

julho (m)	jūlijs (v)	[ju:lijs]
agosto (m)	augusts (v)	[augusts]
setembro (m)	septembris (v)	[septembris]
outubro (m)	oktobris (v)	[ɔktɔbris]
novembro (m)	novembris (v)	[nɔvembris]
dezembro (m)	decembris (v)	[detsembris]

primavera (f)	pavasaris (v)	[pavasaris]
na primavera	pavasarī	[pavasari:]

primaveril	pavasara	[pavasara]
verão (m)	vasara (s)	[vasara]
no verão	vasarā	[vasara:]
de verão	vasaras	[vasaras]

outono (m)	rudens (v)	[rudens]
no outono	rudenī	[rudeni:]
outonal	rudens	[rudens]

inverno (m)	ziema (s)	[ziɛma]
no inverno	ziemā	[ziɛma:]
de inverno	ziemas	[ziɛmas]

mês (m)	mēnesis (v)	[mɛ:nesis]
este mês	šomēnes	[ʃɔmɛ:nes]
no próximo mês	nākamajā mēnesī	[na:kamaja: mɛ:nesi:]
no mês passado	pagājušajā mēnesī	[paga:juʃaja: mɛ:nesi:]

há um mês	pirms mēneša	[pirms mɛ:neʃa]
dentro de um mês	pēc mēneša	[pe:ts mɛ:neʃa]
dentro de dois meses	pēc diviem mēnešiem	[pe:ts diviɛm mɛ:neʃiɛm]
todo o mês	visu mēnesi	[visu mɛ:nesi]
um mês inteiro	veselu mēnesi	[vesɛlu mɛ:nesi]

mensal	ikmēneša	[ikmɛ:neʃa]
mensalmente	ik mēnesi	[ik mɛ:nesi]
cada mês	katru mēnesi	[katru mɛ:nesi]
duas vezes por mês	divas reizes mēnesī	[divas rɛizes mɛ:nesi:]

ano (m)	gads (v)	[gads]
este ano	šogad	[ʃɔgad]

no próximo ano	nākamajā gadā	[na:kamaja: gada:]
no ano passado	pagājušajā gadā	[paga:juʃaja: gada:]

há um ano	pirms gada	[pirms gada]
dentro dum ano	pēc gada	[pe:ts gada]
dentro de 2 anos	pēc diviem gadiem	[pe:ts diviɛm gadiɛm]

todo o ano	visu gadu	[visu gadu]
um ano inteiro	veselu gadu	[vesɛlu gadu]

cada ano	katru gadu	[katru gadu]
anual	ikgadējs	[ikgade:js]

anualmente	ik gadu	[ik gadu]
quatro vezes por ano	četras reizes gadā	[tʃetras rɛizes gada:]

data (~ de hoje)	datums (v)	[datums]
data (ex. ~ de nascimento)	datums (v)	[datums]
calendário (m)	kalendārs (v)	[kalenda:rs]

meio ano	pusgads	[pusgads]
seis meses	pusgads (v)	[pusgads]
estação (f)	gadalaiks (v)	[gadalaiks]
século (m)	gadsimts (v)	[gadsimts]

20. Tempo. Diversos

tempo (m)	laiks (v)	[laiks]
momento (m)	acumirklis (v)	[atsumirklis]
instante (m)	moments (v)	[mɔments]
instantâneo	acumirklīgs	[atsumirkli:gs]
lapso (m) de tempo	posms (v)	[pɔsms]
vida (f)	mūžs (v)	[mu:ʒs]
eternidade (f)	mūžība (s)	[mu:ʒi:ba]
época (f)	laikmets (v)	[laikmets]
era (f)	ēra (s)	[ɛ:ra]
ciclo (m)	cikls (v)	[tsikls]
período (m)	periods (v)	[periɔds]
prazo (m)	termiņš (v)	[termiɲʃ]
futuro (m)	nākotne (s)	[na:kɔtne]
futuro	nākamais	[na:kamais]
da próxima vez	nākamajā reizē	[na:kamaja: rɛize:]
passado (m)	pagātne (s)	[paga:tne]
passado	pagājušais	[paga:juʃais]
na vez passada	pagājušā reizē	[paga:juʃa: rɛize:]
mais tarde	vēlāk	[vɛ:la:k]
depois	pēc tam	[pe:ts tam]
atualmente	tagad	[tagad]
agora	tūlīt	[tu:li:t]
imediatamente	nekavējoties	[nɛkave:jɔtiɛs]
em breve, brevemente	drīz	[dri:z]
de antemão	iepriekš	[iɛpriɛkʃ]
há muito tempo	sen	[sen]
há pouco tempo	nesen	[nɛsen]
destino (m)	liktenis (v)	[liktenis]
recordações (f pl)	atmiņas (s dsk)	[atmiɲas]
arquivo (m)	arhīvs (v)	[arxi:vs]
durante ...	laikā ...	[laika: ...]
durante muito tempo	ilgi	[ilgi]
pouco tempo	neilgi	[nɛilgi]
cedo (levantar-se ~)	agri	[agri]
tarde (deitar-se ~)	vēlu	[vɛ:lu]
para sempre	uz visiem laikiem	[uz visiɛm laikiɛm]
começar (vt)	sākt	[sa:kt]
adiar (vt)	atlikt	[atlikt]
simultaneamente	vienlaicīgi	[viɛnlaitsi:gi]
permanentemente	pastāvīgi	[pasta:vi:gi]
constante (ruído, etc.)	pastāvīgas	[pasta:vi:gas]
temporário	pagaidu	[pagaidu]
às vezes	dažreiz	[daʒrɛiz]
raramente	reti	[reti]
frequentemente	bieži	[biɛʒi]

21. Linhas e formas

quadrado (m)	kvadrāts (v)	[kvadra:ts]
quadrado	kvadrātisks	[kvadra:tisks]
círculo (m)	aplis (v)	[aplis]
redondo	apaļš	[apalʲʃ]
triângulo (m)	trīsstūris (v)	[tri:stu:ris]
triangular	trīsstūrains	[tri:stu:rains]

oval (f)	ovāls (v)	[ɔva:ls]
oval	ovāls	[ɔva:ls]
retângulo (m)	taisnstūris (v)	[taisnstu:ris]
retangular	taisnstūru	[taisnstu:ru]

pirâmide (f)	piramīda (s)	[pirami:da]
rombo, losango (m)	rombs (v)	[rɔmbs]
trapézio (m)	trapece (s)	[trapetse]
cubo (m)	kubs (v)	[kubs]
prisma (m)	prizma (s)	[prizma]

circunferência (f)	aploce (s)	[aplɔtse]
esfera (f)	sfēra (s)	[sfɛ:ra]
globo (m)	lode (s)	[lɔde]
diâmetro (m)	diametrs (v)	[diametrs]
raio (m)	rādiuss (v)	[ra:dius]
perímetro (m)	perimetrs (v)	[perimetrs]
centro (m)	centrs (v)	[tsentrs]

horizontal	horizontāls	[xɔrizɔnta:ls]
vertical	vertikāls	[vertika:ls]
paralela (f)	paralēle (s)	[paralɛ:le]
paralelo	paralēls	[paralɛ:ls]

linha (f)	līnija (s)	[li:nija]
traço (m)	svītra (s)	[svi:tra]
reta (f)	taisne (s)	[taisne]
curva (f)	līkne (s)	[li:kne]
fino (linha ~a)	tievs	[tiɛvs]
contorno (m)	kontūrs (v)	[kɔntu:rs]

interseção (f)	krustošanās (s)	[krustɔʃana:s]
ângulo (m) reto	taisns leņķis (v)	[taisns leɲtʲis]
segmento (m)	segments (v)	[segments]
setor (m)	sektors (v)	[sektɔrs]
lado (de um triângulo, etc.)	mala (s)	[mala]
ângulo (m)	leņķis (v)	[leɲtʲis]

22. Unidades de medida

peso (m)	svars (v)	[svars]
comprimento (m)	garums (v)	[garums]
largura (f)	platums (v)	[platums]
altura (f)	augstums (v)	[augstums]

profundidade (f)	dziļums (v)	[dziljums]
volume (m)	apjoms (v)	[apjɔms]
área (f)	laukums (v)	[laukums]

grama (m)	grams (v)	[grams]
miligrama (m)	miligrams (v)	[miligrams]
quilograma (m)	kilograms (v)	[kilɔgrams]
tonelada (f)	tonna (s)	[tɔnna]
libra (453,6 gramas)	mārciņa (s)	[ma:rtsiɲa]
onça (f)	unce (s)	[untse]

metro (m)	metrs (v)	[metrs]
milímetro (m)	milimetrs (v)	[milimetrs]
centímetro (m)	centimetrs (v)	[tsentimetrs]
quilómetro (m)	kilometrs (v)	[kilɔmetrs]
milha (f)	jūdze (s)	[ju:dze]

polegada (f)	colla (s)	[tsɔlla]
pé (304,74 mm)	pēda (s)	[pɛ:da]
jarda (914,383 mm)	jards (v)	[jards]

metro (m) quadrado	kvadrātmetrs (v)	[kvadra:tmetrs]
hectare (m)	hektārs (v)	[xekta:rs]

litro (m)	litrs (v)	[litrs]
grau (m)	grāds (v)	[gra:ds]
volt (m)	volts (v)	[vɔlts]
ampere (m)	ampērs (v)	[ampɛ:rs]
cavalo-vapor (m)	zirgspēks (v)	[zirgspe:ks]

quantidade (f)	daudzums (v)	[daudzums]
um pouco de ...	nedaudz ...	[nɛdaudz ...]
metade (f)	puse (s)	[puse]
dúzia (f)	ducis (v)	[dutsis]
peça (f)	gabals (v)	[gabals]

dimensão (f)	izmērs (v)	[izmɛ:rs]
escala (f)	mērogs (v)	[me:rɔgs]

mínimo	minimāls	[minima:ls]
menor, mais pequeno	vismazākais	[vismaza:kais]
médio	vidējs	[vide:js]
máximo	maksimāls	[maksima:ls]
maior, mais grande	vislielākais	[vislielca:kais]

23. Recipientes

boião (m) de vidro	burka (s)	[burka]
lata (~ de cerveja)	bundža (s)	[bundʒa]
balde (m)	spainis (v)	[spainis]
barril (m)	muca (s)	[mutsa]

bacia (~ de plástico)	bļoda (s)	[bljɔda]
tanque (m)	tvertne (s)	[tvertne]

cantil (m) de bolso	blašķe (s)	[blaʃtʲe]
bidão (m) de gasolina	kanna (s)	[kanna]
cisterna (f)	cisterna (s)	[tsisterna]

caneca (f)	krūze (s)	[kru:ze]
chávena (f)	tase (s)	[tase]
pires (m)	apakštase (s)	[apakʃtase]
copo (m)	glāze (s)	[gla:ze]
taça (f) de vinho	pokāls (v)	[pɔka:ls]
panela, caçarola (f)	kastrolis (v)	[kastrɔlis]

garrafa (f)	pudele (s)	[pudɛle]
gargalo (m)	kakliņš (v)	[kakliɲʃ]

jarro, garrafa (f)	karafe (s)	[karafe]
jarro (m) de barro	krūka (s)	[kru:ka]
recipiente (m)	trauks (v)	[trauks]
pote (m)	pods (v)	[pɔds]
vaso (m)	vāze (s)	[va:ze]

frasco (~ de perfume)	flakons (v)	[flakɔns]
frasquinho (ex. ~ de iodo)	pudelīte (s)	[pudeli:te]
tubo (~ de pasta dentífrica)	tūbiņa (s)	[tu:biɲa]

saca (ex. ~ de açúcar)	maiss (v)	[mais]
saco (~ de plástico)	maisiņš (v)	[maisiɲʃ]
maço (m)	paciņa (s)	[patsiɲa]

caixa (~ de sapatos, etc.)	kārba (s)	[ka:rba]
caixa (~ de madeira)	kastīte (s)	[kasti:te]
cesta (f)	grozs (v)	[grɔzs]

24. Materiais

material (m)	materiāls (v)	[materia:ls]
madeira (f)	koks (v)	[kɔks]
de madeira	koka	[kɔka]

vidro (m)	stikls (v)	[stikls]
de vidro	stikla	[stikla]

pedra (f)	akmens (v)	[akmens]
de pedra	akmeņu	[akmɛɲu]

plástico (m)	plastmasa (s)	[plastmasa]
de plástico	plastmasas	[plastmasas]

borracha (f)	gumija (s)	[gumija]
de borracha	gumijas	[gumijas]

tecido, pano (m)	audums (v)	[audums]
de tecido	auduma	[auduma]
papel (m)	papīrs (v)	[papi:rs]
de papel	papīra	[papi:ra]

cartão (m)	kartons (v)	[kartɔns]
de cartão	kartona	[kartɔna]

polietileno (m)	polietilēns (v)	[poliɛtile:ns]
celofane (m)	celofāns (v)	[tselɔfa:ns]
linóleo (m)	linolejs (v)	[linɔlejs]
contraplacado (m)	finieris (v)	[finiɛris]

porcelana (f)	porcelāns (v)	[portsɛla:ns]
de porcelana	porcelāna	[portsɛla:na]
barro (f)	māls (v)	[ma:ls]
de barro	māla	[ma:la]
cerâmica (f)	keramika (s)	[kɛramika]
de cerâmica	keramikas	[kɛramikas]

25. Metais

metal (m)	metāls (v)	[mɛta:ls]
metálico	metāla	[mɛta:la]
liga (f)	sakausējums (v)	[sakause:jums]

ouro (m)	zelts (v)	[zelts]
de ouro	zelta	[zelta]
prata (f)	sudrabs (v)	[sudrabs]
de prata	sudraba	[sudraba]

ferro (m)	dzelzs (s)	[dzelzs]
de ferro	dzelzs	[dzelzs]
aço (m)	tērauds (v)	[tɛ:rauds]
de aço	tērauda	[tɛ:rauda]
cobre (m)	varš (v)	[varʃ]
de cobre	vara	[vara]

alumínio (m)	alumīnijs (v)	[alumi:nijs]
de alumínio	alumīnija	[alumi:nija]
bronze (m)	bronza (s)	[brɔnza]
de bronze	bronzas	[brɔnzas]

latão (m)	misiņš (v)	[misiɲʃ]
níquel (m)	niķelis (v)	[nitʲelis]
platina (f)	platīns (v)	[plati:ns]
mercúrio (m)	dzīvsudrabs (v)	[dzi:vsudrabs]
estanho (m)	alva (s)	[alva]
chumbo (m)	svins (v)	[svins]
zinco (m)	cinks (v)	[tsinks]

O SER HUMANO

O ser humano. O corpo

26. Humanos. Conceitos básicos

ser (m) humano	cilvēks (v)	[tsilve:ks]
homem (m)	vīrietis (v)	[vi:riɛtis]
mulher (f)	sieviete (s)	[siɛviɛte]
criança (f)	bērns (v)	[be:rns]

menina (f)	meitene (s)	[mɛitɛne]
menino (m)	puika (v)	[puika]
adolescente (m)	pusaudzis (v)	[pusaudzis]
velho (m)	vecītis (v)	[vetsi:tis]
velha, anciã (f)	vecenīte (s)	[vetseni:te]

27. Anatomia humana

organismo (m)	organisms (v)	[ɔrganisms]
coração (m)	sirds (s)	[sirds]
sangue (m)	asins (s)	[asins]
artéria (f)	artērija (s)	[arte:rija]
veia (f)	vēna (s)	[vɛ:na]

cérebro (m)	smadzenes (s dsk)	[smadzɛnes]
nervo (m)	nervs (v)	[nervs]
nervos (m pl)	nervi (v dsk)	[nervi]
vértebra (f)	skriemelis (v)	[skriɛmelis]
coluna (f) vertebral	mugurkauls (v)	[mugurkauls]

estômago (m)	kuņģis (v)	[kuɲdʲis]
intestinos (m pl)	zarnu trakts (v)	[zarnu trakts]
intestino (m)	zarna (s)	[zarna]
fígado (m)	aknas (s dsk)	[aknas]
rim (m)	niere (s)	[niɛre]

osso (m)	kauls (v)	[kauls]
esqueleto (m)	skelets (v)	[skɛlets]
costela (f)	riba (s)	[riba]
crânio (m)	galvaskauss (v)	[galvaskaus]

músculo (m)	muskulis (v)	[muskulis]
bíceps (m)	bicepss (v)	[bitseps]
tríceps (m)	tricepss (v)	[tritseps]
tendão (m)	cīpsla (s)	[tsi:psla]
articulação (f)	locītava (s)	[lɔtsi:tava]

pulmões (m pl)	plaušas (s dsk)	[plauʃas]
órgãos (m pl) genitais	dzimumorgāni (v dsk)	[dzimumɔrgaːni]
pele (f)	āda (s)	[aːda]

28. Cabeça

cabeça (f)	galva (s)	[galva]
cara (f)	seja (s)	[seja]
nariz (m)	deguns (v)	[dɛguns]
boca (f)	mute (s)	[mute]

olho (m)	acs (s)	[ats]
olhos (m pl)	acis (s dsk)	[atsis]
pupila (f)	acs zīlīte (s)	[ats ziːliːte]
sobrancelha (f)	uzacs (s)	[uzats]
pestana (f)	skropsta (s)	[skrɔpsta]
pálpebra (f)	plakstiņš (v)	[plakstiɲʃ]

língua (f)	mēle (s)	[mɛːle]
dente (m)	zobs (v)	[zɔbs]
lábios (m pl)	lūpas (s dsk)	[luːpas]
maçãs (f pl) do rosto	vaigu kauli (v dsk)	[vaigu kauli]
gengiva (f)	smaganas (s dsk)	[smaganas]
palato (m)	aukslējas (s dsk)	[auksleːjas]

narinas (f pl)	nāsis (s dsk)	[naːsis]
queixo (m)	zods (v)	[zɔds]
mandíbula (f)	žoklis (v)	[ʒɔklis]
bochecha (f)	vaigs (v)	[vaigs]

testa (f)	piere (s)	[piɛre]
têmpora (f)	deniņi (v dsk)	[deniɲi]
orelha (f)	auss (s)	[aus]
nuca (f)	pakausis (v)	[pakausis]
pescoço (m)	kakls (v)	[kakls]
garganta (f)	rīkle (s)	[riːkle]

cabelos (m pl)	mati (v dsk)	[mati]
penteado (m)	frizūra (s)	[frizuːra]
corte (m) de cabelo	matu griezums (v)	[matu griɛzums]
peruca (f)	parūka (s)	[paruːka]

bigode (m)	ūsas (s dsk)	[uːsas]
barba (f)	bārda (s)	[baːrda]
usar, ter (~ barba, etc.)	ir	[ir]
trança (f)	bize (s)	[bize]
suíças (f pl)	vaigubārda (s)	[vaigubaːrda]

ruivo	ruds	[ruds]
grisalho	sirms	[sirms]
calvo	plikgalvains	[plikgalvains]
calva (f)	plika galva (s)	[plika galva]
rabo-de-cavalo (m)	zirgaste (s)	[zirgaste]
franja (f)	mati uz pieres (v)	[mati uz piɛres]

29. Corpo humano

mão (f)	delna (s)	[delna]
braço (m)	roka (s)	[rɔka]
dedo (m)	pirksts (v)	[pirksts]
dedo (m) do pé	kājas īkšķis (v)	[ka:jas i:kʃtʲis]
polegar (m)	īkšķis (v)	[i:kʃtʲis]
dedo (m) mindinho	mazais pirkstiņš (v)	[mazais pirkstiɲʃ]
unha (f)	nags (v)	[nags]
punho (m)	dūre (s)	[du:re]
palma (f) da mão	plauksta (s)	[plauksta]
pulso (m)	plaukstas locītava (s)	[plaukstas lɔtsi:tava]
antebraço (m)	apakšdelms (v)	[apakʃdelms]
cotovelo (m)	elkonis (v)	[elkɔnis]
ombro (m)	augšdelms (v)	[augʃdelms]
perna (f)	kāja (s)	[ka:ja]
pé (m)	pēda (s)	[pɛ:da]
joelho (m)	celis (v)	[tselis]
barriga (f) da perna	apakšstilbs (v)	[apakʃstilbs]
anca (f)	gurns (v)	[gurns]
calcanhar (m)	papēdis (v)	[pape:dis]
corpo (m)	ķermenis (v)	[tʲermenis]
barriga (f)	vēders (v)	[vɛ:dɛrs]
peito (m)	krūškurvis (v)	[kru:ʃkurvis]
seio (m)	krūts (s)	[kru:ts]
lado (m)	sāns (v)	[sa:ns]
costas (f pl)	mugura (s)	[mugura]
região (f) lombar	krusti (v dsk)	[krusti]
cintura (f)	viduklis (v)	[viduklis]
umbigo (m)	naba (s)	[naba]
nádegas (f pl)	gūžas (s dsk)	[gu:ʒas]
traseiro (m)	dibens (v)	[dibens]
sinal (m)	dzimumzīme (s)	[dzimumzi:me]
sinal (m) de nascença	dzimumzīme (s)	[dzimumzi:me]
tatuagem (f)	tetovējums (v)	[tetɔve:jums]
cicatriz (f)	rēta (s)	[rɛ:ta]

Vestuário & Acessórios

30. Roupa exterior. Casacos

roupa (f)	apģērbs (v)	[apdⁱe:rbs]
roupa (f) exterior	virsdrēbes (s dsk)	[virsdrɛ:bes]
roupa (f) de inverno	ziemas drēbes (s dsk)	[ziɛmas drɛ:bes]
sobretudo (m)	mētelis (v)	[mɛ:telis]
casaco (m) de peles	kažoks (v)	[kaʒɔks]
casaco curto (m) de peles	puskažoks (v)	[puskaʒɔks]
casaco (m) acolchoado	dūnu mētelis (v)	[du:nu mɛ:telis]
casaco, blusão (m)	jaka (s)	[jaka]
impermeável (m)	apmetnis (v)	[apmetnis]
impermeável	ūdensnecaurlaidīgs	[u:densnetsaurlaidi:gs]

31. Vestuário de homem & mulher

camisa (f)	krekls (v)	[krekls]
calças (f pl)	bikses (s dsk)	[bikses]
calças (f pl) de ganga	džinsi (v dsk)	[dʒinsi]
casaco (m) de fato	žakete (s)	[ʒakɛte]
fato (m)	uzvalks (v)	[uzvalks]
vestido (ex. ~ vermelho)	kleita (s)	[klɛita]
saia (f)	svārki (v dsk)	[sva:rki]
blusa (f)	blūze (s)	[blu:ze]
casaco (m) de malha	vilnaina jaka (s)	[vilnaina jaka]
casaco, blazer (m)	žakete (s)	[ʒakɛte]
T-shirt, camiseta (f)	sporta krekls (v)	[spɔrta krekls]
calções (Bermudas, etc.)	šorti (v dsk)	[ʃɔrti]
fato (m) de treino	sporta tērps (v)	[spɔrta te:rps]
roupão (m) de banho	halāts (v)	[xala:ts]
pijama (m)	pidžama (s)	[pidʒama]
suéter (m)	svīteris (v)	[svi:teris]
pulôver (m)	pulovers (v)	[pulɔvɛrs]
colete (m)	veste (s)	[veste]
fraque (m)	fraka (s)	[fraka]
smoking (m)	smokings (v)	[smɔkiŋs]
uniforme (m)	uniforma (s)	[unifɔrma]
roupa (f) de trabalho	darba apģērbs (v)	[darba apdⁱe:rbs]
fato-macaco (m)	kombinezons (v)	[kɔmbinezɔns]
bata (~ branca, etc.)	halāts (v)	[xala:ts]

32. Vestuário. Roupa interior

roupa (f) interior	veļa (s)	[vɛlʲa]
cuecas boxer (f pl)	bokseršorti (v dsk)	[bɔkserʃɔrti]
cuecas (f pl)	biksītes (s dsk)	[biksi:tes]
camisola (f) interior	apakškrekls (v)	[apakʃkrekls]
peúgas (f pl)	zeķes (s dsk)	[zɛtʲes]

camisa (f) de noite	naktskrekls (v)	[naktskrekls]
sutiã (m)	krūšturis (v)	[kru:ʃturis]
meias longas (f pl)	pusgarās zeķes (s dsk)	[pusgara:s zɛtʲes]
meia-calça (f)	zeķubikses (s dsk)	[zɛtʲubikses]
meias (f pl)	sieviešu zeķes (s dsk)	[siɛviɛʃu zɛtʲes]
fato (m) de banho	peldkostīms (v)	[peldkɔsti:ms]

33. Adereços de cabeça

chapéu (m)	cepure (s)	[tsɛpure]
chapéu (m) de feltro	platmale (s)	[platmale]
boné (m) de beisebol	beisbola cepure (s)	[bɛisbola tsɛpure]
boné (m)	žokejcepure (s)	[ʒɔkejtsɛpure]

boina (f)	berete (s)	[bɛrɛte]
capuz (m)	kapuce (s)	[kaputse]
panamá (m)	panama (s)	[panama]
gorro (m) de malha	adīta cepurīte (s)	[adi:ta tsɛpuri:te]

lenço (m)	lakats (v)	[lakats]
chapéu (m) de mulher	cepurīte (s)	[tsɛpuri:te]

capacete (m) de proteção	ķivere (s)	[tʲivɛre]
bibico (m)	laiviņa (s)	[laiviɲa]
capacete (m)	bruņu cepure (s)	[bruɲu tsɛpure]

chapéu-coco (m)	katliņš (v)	[katliɲʃ]
chapéu (m) alto	cilindrs (v)	[tsilindrs]

34. Calçado

calçado (m)	apavi (v dsk)	[apavi]
botinas (f pl)	puszābaki (v dsk)	[pusza:baki]
sapatos (de salto alto, etc.)	kurpes (s dsk)	[kurpes]
botas (f pl)	zābaki (v dsk)	[za:baki]
pantufas (f pl)	čības (s dsk)	[tʃi:bas]

ténis (m pl)	sporta kurpes (s dsk)	[spɔrta kurpes]
sapatilhas (f pl)	kedas (s dsk)	[kɛdas]
sandálias (f pl)	sandales (s dsk)	[sandales]

sapateiro (m)	kurpnieks (v)	[kurpniɛks]
salto (m)	papēdis (v)	[pape:dis]

par (m)	pāris (v)	[pa:ris]
atacador (m)	aukla (s)	[aukla]
apertar os atacadores	saitēt	[saite:t]
calçadeira (f)	kurpju velkamais (v)	[kurpju velkamais]
graxa (f) para calçado	apavu krēms (v)	[apavu kre:ms]

35. Têxtil. Tecidos

algodão (m)	kokvilna (s)	[kɔkvilna]
de algodão	kokvilnas	[kɔkvilnas]
linho (m)	lini (v dsk)	[lini]
de linho	lina	[lina]

seda (f)	zīds (v)	[zi:ds]
de seda	zīda	[zi:da]
lã (f)	vilna (s)	[vilna]
de lã	vilnas	[vilnas]

veludo (m)	samts (v)	[samts]
camurça (f)	zamšāda (s)	[zamʃa:da]
bombazina (f)	velvets (v)	[velvets]

náilon (m)	neilons (v)	[nɛilɔns]
de náilon	neilona	[nɛilɔna]
poliéster (m)	poliesteris (v)	[poliɛsteris]
de poliéster	poliestera	[poliɛstɛra]

couro (m)	āda (s)	[a:da]
de couro	no ādas	[nɔ a:das]
pele (f)	kažokāda (s)	[kaʒɔka:da]
de peles, de pele	kažokādas	[kaʒɔka:das]

36. Acessórios pessoais

luvas (f pl)	cimdi (v dsk)	[tsimdi]
mitenes (f pl)	dūraiņi (v dsk)	[du:raiɲi]
cachecol (m)	šalle (s)	[ʃalle]

óculos (m pl)	brilles (s dsk)	[brilles]
armação (f) de óculos	ietvars (v)	[iɛtvars]
guarda-chuva (m)	lietussargs (v)	[liɛtusargs]
bengala (f)	spieķis (v)	[spiɛtʲis]
escova (f) para o cabelo	matu suka (s)	[matu suka]
leque (m)	vēdeklis (v)	[vɛ:deklis]

gravata (f)	kaklasaite (s)	[kaklasaite]
gravata-borboleta (f)	tauriņš (v)	[tauriɲʃ]
suspensórios (m pl)	bikšturi (v dsk)	[bikʃturi]
lenço (m)	kabatlakatiņš (v)	[kabatlakatiɲʃ]

| pente (m) | ķemme (s) | [tʲemme] |
| travessão (m) | matu sprādze (s) | [matu spra:dze] |

gancho (m) de cabelo	matadata (s)	[matadata]
fivela (f)	sprādze (s)	[spra:dze]
cinto (m)	josta (s)	[jɔsta]
correia (f)	siksna (s)	[siksna]
mala (f)	soma (s)	[sɔma]
mala (f) de senhora	somiņa (s)	[sɔmiɲa]
mochila (f)	mugursoma (s)	[mugursɔma]

37. Vestuário. Diversos

moda (f)	mode (s)	[mɔde]
na moda	moderns	[mɔderns]
estilista (m)	modelētājs (v)	[mɔdɛlɛ:ta:js]
colarinho (m), gola (f)	apkakle (s)	[apkakle]
bolso (m)	kabata (s)	[kabata]
de bolso	kabatas	[kabatas]
manga (f)	piedurkne (s)	[piɛdurkne]
alcinha (f)	pakaramais (v)	[pakaramais]
braguilha (f)	bikšu priekša	[bikʃu priɛkʃa]
fecho (m) de correr	rāvējslēdzējs (v)	[ra:ve:jsle:dze:js]
fecho (m), colchete (m)	aizdare (s)	[aizdare]
botão (m)	poga (s)	[pɔga]
casa (f) de botão	pogcaurums (v)	[pɔgtsaurums]
soltar-se (vr)	atrauties	[atrautiɛs]
coser, costurar (vi)	šūt	[ʃu:t]
bordar (vt)	izšūt	[izʃu:t]
bordado (m)	izšūšana (s)	[izʃu:ʃana]
agulha (f)	adata (s)	[adata]
fio (m)	diegs (v)	[diɛgs]
costura (f)	šuve (s)	[ʃuve]
sujar-se (vr)	notraipīties	[nɔtraipi:tiɛs]
mancha (f)	traips (v)	[traips]
engelhar-se (vr)	saburzīties	[saburzi:tiɛs]
rasgar (vt)	saplēst	[saple:st]
traça (f)	kode (s)	[kɔde]

38. Cuidados pessoais. Cosméticos

pasta (f) de dentes	zobu pasta (s)	[zɔbu pasta]
escova (f) de dentes	zobu suka (s)	[zɔbu suka]
escovar os dentes	tīrīt zobus	[ti:ri:t zɔbus]
máquina (f) de barbear	skuveklis (v)	[skuveklis]
creme (m) de barbear	skūšanas krēms (v)	[sku:ʃanas kre:ms]
barbear-se (vr)	skūties	[sku:tiɛs]
sabonete (m)	ziepes (s dsk)	[ziɛpes]

champô (m)	šampūns (v)	[ʃampuːns]
tesoura (f)	šķēres (s dsk)	[ʃtʲɛːres]
lima (f) de unhas	nagu vīlīte (s)	[nagu viːliːte]
corta-unhas (m)	knaiblītes (s dsk)	[knaibliːtes]
pinça (f)	pincete (s)	[pintsɛte]

cosméticos (m pl)	kosmētika (s)	[kɔsmeːtika]
máscara (f) facial	maska (s)	[maska]
manicura (f)	manikīrs (v)	[manikiːrs]
fazer a manicura	taisīt manikīru	[taisiːt manikiːru]
pedicure (f)	pedikīrs (v)	[pedikiːrs]

mala (f) de maquilhagem	kosmētikas somiņa (s)	[kɔsmeːtikas sɔmiɲa]
pó (m)	pūderis (v)	[puːderis]
caixa (f) de pó	pūdernīca (s)	[puːderniːtsa]
blush (m)	vaigu sārtums (v)	[vaigu saːrtums]

perfume (m)	smaržas (s dsk)	[smarʒas]
água (f) de toilette	tualetes ūdens (v)	[tualɛtes uːdens]
loção (f)	losjons (v)	[lɔsjɔns]
água-de-colónia (f)	odekolons (v)	[ɔdekɔlɔns]

sombra (f) de olhos	acu ēnas (s dsk)	[atsu ɛːnas]
lápis (m) delineador	acu zīmulis (v)	[atsu ziːmulis]
máscara (f), rímel (m)	skropstu tuša (s)	[skrɔpstu tuʃa]

batom (m)	lūpu krāsa (s)	[luːpu kraːsa]
verniz (m) de unhas	nagu laka (s)	[nagu laka]
laca (f) para cabelos	matu laka (s)	[matu laka]
desodorizante (m)	dezodorants (v)	[dezɔdɔrants]

creme (m)	krēms (v)	[kreːms]
creme (m) de rosto	sejas krēms (v)	[sejas kreːms]
creme (m) de mãos	rokas krēms (v)	[rɔkas kreːms]
creme (m) antirrugas	pretgrumbu krēms (v)	[pretgrumbu kreːms]
creme (m) de dia	dienas krēms (v)	[diɛnas kreːms]
creme (m) de noite	nakts krēms (v)	[nakts kreːms]
de dia	dienas	[diɛnas]
da noite	nakts	[nakts]

tampão (m)	tampons (v)	[tampɔns]
papel (m) higiénico	tualetes papīrs (v)	[tualɛtes papiːrs]
secador (m) elétrico	fēns (v)	[feːns]

39. Joalheria

joias (f pl)	dārglietas (s dsk)	[daːrgliɛtas]
precioso	dārgs	[daːrgs]
marca (f) de contraste	prove (s)	[prɔve]

anel (m)	gredzens (v)	[gredzens]
aliança (f)	laulības gredzens (v)	[lauliːbas gredzens]
pulseira (f)	aproce (s)	[aprɔtse]
brincos (m pl)	auskari (v dsk)	[auskari]

colar (m)	kaklarota (s)	[kaklarota]
coroa (f)	kronis (v)	[krɔnis]
colar (m) de contas	krelles (s dsk)	[krelles]

diamante (m)	briljants (v)	[briljants]
esmeralda (f)	smaragds (v)	[smaragds]
rubi (m)	rubīns (v)	[rubi:ns]
safira (f)	safīrs (v)	[safi:rs]
pérola (f)	pērles (s dsk)	[pe:rles]
âmbar (m)	dzintars (v)	[dzintars]

40. Relógios de pulso. Relógios

relógio (m) de pulso	rokas pulkstenis (v)	[rɔkas pulkstenis]
mostrador (m)	ciparnīca (s)	[tsiparni:tsa]
ponteiro (m)	bultiņa (s)	[bultiɲa]
bracelete (f) em aço	metāla siksniņa (s)	[mɛta:la siksniɲa]
bracelete (f) em couro	siksniņa (s)	[siksniɲa]

pilha (f)	baterija (s)	[baterija]
descarregar-se	izlādēties	[izla:de:tiɛs]
trocar a pilha	nomainīt bateriju	[nɔmaini:t bateriju]
estar adiantado	steigties	[stɛigtiɛs]
estar atrasado	atpalikt	[atpalikt]

relógio (m) de parede	sienas pulkstenis (v)	[siɛnas pulkstenis]
ampulheta (f)	smilšu pulkstenis (v)	[smilʃu pulkstenis]
relógio (m) de sol	saules pulkstenis (v)	[saules pulkstenis]
despertador (m)	modinātājs (v)	[mɔdina:ta:js]
relojoeiro (m)	pulksteņmeistars (v)	[pulkstɛɲmɛistars]
reparar (vt)	remontēt	[remɔnte:t]

Alimentação. Nutrição

41. Comida

carne (f)	gaļa (s)	[galʲa]
galinha (f)	vista (s)	[vista]
frango (m)	cālis (v)	[tsa:lis]
pato (m)	pīle (s)	[pi:le]
ganso (m)	zoss (s)	[zɔs]
caça (f)	medījums (v)	[medi:jums]
peru (m)	tītars (v)	[ti:tars]
carne (f) de porco	cūkgaļa (s)	[tsu:kgalʲa]
carne (f) de vitela	teļa gaļa (s)	[tɛlʲa galʲa]
carne (f) de carneiro	jēra gaļa (s)	[je:ra galʲa]
carne (f) de vaca	liellopu gaļa (s)	[liɛllɔpu galʲa]
carne (f) de coelho	trusis (v)	[trusis]
chouriço, salsichão (m)	desa (s)	[dɛsa]
salsicha (f)	cīsiņš (v)	[tsi:siɲʃ]
bacon (m)	bekons (v)	[bekɔns]
fiambre (f)	šķiņķis (v)	[ʃtʲiɲtʲis]
presunto (m)	šķiņķis (v)	[ʃtʲiɲtʲis]
patê (m)	pastēte (s)	[pastɛ:te]
fígado (m)	aknas (s dsk)	[aknas]
carne (f) moída	malta gaļa (s)	[malta galʲa]
língua (f)	mēle (s)	[mɛ:le]
ovo (m)	ola (s)	[ɔla]
ovos (m pl)	olas (s dsk)	[ɔlas]
clara (f) do ovo	baltums (v)	[baltums]
gema (f) do ovo	dzeltenums (v)	[dzeltenums]
peixe (m)	zivs (s)	[zivs]
mariscos (m pl)	jūras produkti (v dsk)	[ju:ras prɔdukti]
crustáceos (m pl)	vēžveidīgie (v dsk)	[ve:ʒvɛidi:giɛ]
caviar (m)	ikri (v dsk)	[ikri]
caranguejo (m)	krabis (v)	[krabis]
camarão (m)	garnele (s)	[garnɛle]
ostra (f)	austere (s)	[austɛre]
lagosta (f)	langusts (v)	[laŋgusts]
polvo (m)	astoņkājis (v)	[astɔŋka:jis]
lula (f)	kalmārs (v)	[kalma:rs]
esturjão (m)	store (s)	[stɔre]
salmão (m)	lasis (v)	[lasis]
halibute (m)	āte (s)	[a:te]
bacalhau (m)	menca (s)	[mentsa]

cavala, sarda (f)	skumbrija (s)	[skumbrija]
atum (m)	tuncis (v)	[tuntsis]
enguia (f)	zutis (v)	[zutis]
truta (f)	forele (s)	[fɔrɛle]
sardinha (f)	sardīne (s)	[sardi:ne]
lúcio (m)	līdaka (s)	[li:daka]
arenque (m)	siļķe (s)	[silʲtʲe]
pão (m)	maize (s)	[maize]
queijo (m)	siers (v)	[siɛrs]
açúcar (m)	cukurs (v)	[tsukurs]
sal (m)	sāls (v)	[sa:ls]
arroz (m)	rīsi (v dsk)	[ri:si]
massas (f pl)	makaroni (v dsk)	[makarɔni]
talharim (m)	nūdeles (s dsk)	[nu:dɛles]
manteiga (f)	sviests (v)	[sviɛsts]
óleo (m) vegetal	augu eļļa (s)	[augu ellʲa]
óleo (m) de girassol	saulespuķu eļļa (s)	[saulesputʲu ellʲa]
margarina (f)	margarīns (v)	[margari:ns]
azeitonas (f pl)	olīvas (s dsk)	[ɔli:vas]
azeite (m)	olīveļļa (s)	[ɔli:vellʲa]
leite (m)	piens (v)	[piɛns]
leite (m) condensado	kondensētais piens (v)	[kɔndensɛ:tais piɛns]
iogurte (m)	jogurts (v)	[jɔgurts]
nata (f) azeda	krējums (v)	[kre:jums]
nata (f) do leite	salds krējums (v)	[salds kre:jums]
maionese (f)	majonēze (s)	[majɔnɛ:ze]
creme (m)	krēms (v)	[kre:ms]
grãos (m pl) de cereais	putraimi (v dsk)	[putraimi]
farinha (f)	milti (v dsk)	[milti]
enlatados (m pl)	konservi (v dsk)	[kɔnservi]
flocos (m pl) de milho	kukurūzas pārslas (s dsk)	[kukuru:zas pa:rslas]
mel (m)	medus (v)	[mɛdus]
doce (m)	džems, ievārījums (v)	[dʒems], [iɛva:ri:jums]
pastilha (f) elástica	košļājamā gumija (s)	[kɔʃlʲa:jama: gumija]

42. Bebidas

água (f)	ūdens (v)	[u:dens]
água (f) potável	dzeramais ūdens (v)	[dzɛramais u:dens]
água (f) mineral	minerālūdens (v)	[minɛra:lu:dens]
sem gás	negāzēts	[nɛga:ze:ts]
gaseificada	gāzēts	[ga:ze:ts]
com gás	dzirkstošs	[dzirkstɔʃs]
gelo (m)	ledus (v)	[lɛdus]

com gelo	ar ledu	[ar lɛdu]
sem álcool	bezalkoholisks	[bɛzalkɔxɔlisks]
bebida (f) sem álcool	bezalkoholiskais dzēriens (v)	[bɛzalkɔxɔliskais dze:riɛns]
refresco (m)	atspirdzinošs dzēriens (v)	[atspirdzinɔʃs dze:riɛns]
limonada (f)	limonāde (s)	[limɔna:de]

bebidas (f pl) alcoólicas	alkoholiskie dzērieni (v dsk)	[alkɔxɔliskiɛ dze:riɛni]
vinho (m)	vīns (v)	[vi:ns]
vinho (m) branco	baltvīns (v)	[baltvi:ns]
vinho (m) tinto	sarkanvīns (v)	[sarkanvi:ns]

licor (m)	liķieris (v)	[litʲiɛris]
champanhe (m)	šampanietis (v)	[ʃampaniɛtis]
vermute (m)	vermuts (v)	[vermuts]

uísque (m)	viskijs (v)	[viskijs]
vodka (f)	degvīns (v)	[degvi:ns]
gim (m)	džins (v)	[dʒins]
conhaque (m)	konjaks (v)	[kɔnjaks]
rum (m)	rums (v)	[rums]

café (m)	kafija (s)	[kafija]
café (m) puro	melnā kafija (s)	[melna: kafija]
café (m) com leite	kafija (s) ar pienu	[kafija ar piɛnu]
cappuccino (m)	kapučīno (v)	[kaputʃi:nɔ]
café (m) solúvel	šķīstošā kafija (s)	[ʃtʲi:stɔʃa: kafija]

leite (m)	piens (v)	[piɛns]
coquetel (m)	kokteilis (v)	[kɔktɛilis]
batido (m) de leite	piena kokteilis (v)	[piɛna kɔktɛilis]

sumo (m)	sula (s)	[sula]
sumo (m) de tomate	tomātu sula (s)	[tɔma:tu sula]
sumo (m) de laranja	apelsīnu sula (s)	[apɛlsi:nu sula]
sumo (m) fresco	svaigi spiesta sula (s)	[svaigi spiɛsta sula]

cerveja (f)	alus (v)	[alus]
cerveja (f) clara	gaišais alus (v)	[gaiʃais alus]
cerveja (f) preta	tumšais alus (v)	[tumʃais alus]

chá (m)	tēja (s)	[te:ja]
chá (m) preto	melnā tēja (s)	[melna: te:ja]
chá (m) verde	zaļā tēja (s)	[zalʲa: te:ja]

43. Vegetais

| legumes (m pl) | dārzeņi (v dsk) | [da:rzeɲi] |
| verduras (f pl) | zaļumi (v dsk) | [zalʲumi] |

tomate (m)	tomāts (v)	[tɔma:ts]
pepino (m)	gurķis (v)	[gurtʲis]
cenoura (f)	burkāns (v)	[burka:ns]
batata (f)	kartupelis (v)	[kartupelis]

| cebola (f) | sīpols (v) | [si:pɔls] |
| alho (m) | ķiploks (v) | [tʲiplɔks] |

couve (f)	kāposti (v dsk)	[ka:pɔsti]
couve-flor (f)	puķkāposti (v dsk)	[putʲka:pɔsti]
couve-de-bruxelas (f)	Briseles kāposti (v dsk)	[brisɛles ka:pɔsti]
brócolos (m pl)	brokolis (v)	[brɔkɔlis]

beterraba (f)	biete (s)	[biɛte]
beringela (f)	baklažāns (v)	[baklaʒa:ns]
curgete (f)	kabacis (v)	[kabatsis]
abóbora (f)	ķirbis (v)	[tʲirbis]
nabo (m)	rācenis (v)	[ra:tsenis]

salsa (f)	pētersīlis (v)	[pɛːtɛrsi:lis]
funcho, endro (m)	dilles (s dsk)	[dilles]
alface (f)	dārza salāti (v dsk)	[da:rza sala:ti]
aipo (m)	selerija (s)	[sɛlerija]
espargo (m)	sparģelis (v)	[spardʲelis]
espinafre (m)	spināti (v dsk)	[spina:ti]

ervilha (f)	zirnis (v)	[zirnis]
fava (f)	pupas (s dsk)	[pupas]
milho (m)	kukurūza (s)	[kukuru:za]
feijão (m)	pupiņas (s dsk)	[pupiɲas]

pimentão (m)	graudu pipars (v)	[graudu pipars]
rabanete (m)	redīss (v)	[redi:s]
alcachofra (f)	artišoks (v)	[artiʃɔks]

44. Frutos. Nozes

fruta (f)	auglis (v)	[auglis]
maçã (f)	ābols (v)	[a:bɔls]
pera (f)	bumbieris (v)	[bumbiɛris]
limão (m)	citrons (v)	[tsitrɔns]
laranja (f)	apelsīns (v)	[apɛlsi:ns]
morango (m)	zemene (s)	[zɛmɛne]

tangerina (f)	mandarīns (v)	[mandari:ns]
ameixa (f)	plūme (s)	[plu:me]
pêssego (m)	persiks (v)	[pɛrsiks]
damasco (m)	aprikoze (s)	[aprikɔze]
framboesa (f)	avene (s)	[avɛne]
ananás (m)	ananāss (v)	[anana:s]

banana (f)	banāns (v)	[bana:ns]
melancia (f)	arbūzs (v)	[arbu:zs]
uva (f)	vīnoga (s)	[vi:nɔga]
ginja (f)	skābais ķirsis (v)	[ska:bais tʲirsis]
cereja (f)	saldais ķirsis (v)	[saldais tʲirsis]
meloa (f)	melone (s)	[melɔne]
toranja (f)	greipfrūts (v)	[grɛipfru:ts]
abacate (m)	avokado (v)	[avɔkadɔ]

papaia (f)	papaija (s)	[papaija]
manga (f)	mango (v)	[maŋgɔ]
romã (f)	granātābols (v)	[grana:ta:bɔls]

groselha (f) vermelha	sarkanā jāŋoga (s)	[sarkana: ja:ɲɔga]
groselha (f) preta	upene (s)	[upɛne]
groselha (f) espinhosa	ērkšķoga (s)	[e:rkʃʲɔga]
mirtilo (m)	mellene (s)	[mellɛne]
amora silvestre (f)	kazene (s)	[kazɛne]

uvas (f pl) passas	rozīne (s)	[rɔzi:ne]
figo (m)	vīģe (s)	[vi:dʲe]
tâmara (f)	datele (s)	[datɛle]

amendoim (m)	zemesrieksts (v)	[zɛmesriɛksts]
amêndoa (f)	mandeles (s dsk)	[mandɛles]
noz (f)	valrieksts (v)	[valriɛksts]
avelã (f)	lazdu rieksts (v)	[lazdu riɛksts]
coco (m)	kokosrieksts (v)	[kɔkɔsriɛksts]
pistáchios (m pl)	pistācijas (s dsk)	[pista:tsijas]

45. Pão. Bolaria

| pastelaria (f) | konditorejas izstrādājumi (v dsk) | [kɔnditɔrejas izstra:da:jumi] |

| pão (m) | maize (s) | [maize] |
| bolacha (f) | cepumi (v dsk) | [tsɛpumi] |

chocolate (m)	šokolāde (s)	[ʃɔkɔla:de]
de chocolate	šokolādes	[ʃɔkɔla:des]
rebuçado (m)	konfekte (s)	[kɔnfekte]
bolo (cupcake, etc.)	kūka (s)	[ku:ka]
bolo (m) de aniversário	torte (s)	[tɔrte]

| tarte (~ de maçã) | pīrāgs (v) | [pi:ra:gs] |
| recheio (m) | pildījums (v) | [pildi:jums] |

doce (m)	ievārījums (v)	[iɛva:ri:jums]
geleia (f) de frutas	marmelāde (s)	[marmɛla:de]
waffle (m)	vafeles (s dsk)	[vafɛles]
gelado (m)	saldējums (v)	[salde:jums]
pudim (m)	pudiņš (v)	[pudiɲʃ]

46. Pratos cozinhados

prato (m)	ēdiens (v)	[e:diɛns]
cozinha (~ portuguesa)	virtuve (s)	[virtuve]
receita (f)	recepte (s)	[retsepte]
porção (f)	porcija (s)	[pɔrtsija]

| salada (f) | salāti (v dsk) | [sala:ti] |
| sopa (f) | zupa (s) | [zupa] |

caldo (m)	buljons (v)	[buljɔns]
sandes (f)	sviestmaize (s)	[sviɛstmaize]
ovos (m pl) estrelados	ceptas olas (s dsk)	[tseptas ɔlas]

| hambúrguer (m) | hamburgers (v) | [xamburgɛrs] |
| bife (m) | bifšteks (v) | [bifʃteks] |

conduto (m)	piedeva (s)	[piɛdɛva]
espaguete (m)	spageti (v dsk)	[spageti]
puré (m) de batata	kartupeļu biezenis (v)	[kartupɛlʲu biɛzenis]
pizza (f)	pica (s)	[pitsa]
papa (f)	biezputra (s)	[biɛzputra]
omelete (f)	omlete (s)	[ɔmlɛte]

cozido em água	vārīts	[vaːriːts]
fumado	kūpināts	[kuːpinaːts]
frito	cepts	[tsepts]
seco	žāvēts	[ʒaːveːts]
congelado	sasaldēts	[sasaldeːts]
em conserva	marinēts	[marineːts]

doce (açucarado)	salds	[salds]
salgado	sāļš	[saːlʲʃ]
frio	auksts	[auksts]
quente	karsts	[karsts]
amargo	rūgts	[ruːgts]
gostoso	garšīgs	[garʃiːgs]

cozinhar (em água a ferver)	vārīt	[vaːriːt]
fazer, preparar (vt)	gatavot	[gatavɔt]
fritar (vt)	cept	[tsept]
aquecer (vt)	uzsildīt	[uzsildiːt]

salgar (vt)	piebērt sāli	[piɛbeːrt saːli]
apimentar (vt)	piparot	[piparɔt]
ralar (vt)	rīvēt	[riːveːt]
casca (f)	miza (s)	[miza]
descascar (vt)	mizot	[mizɔt]

47. Especiarias

sal (m)	sāls (v)	[saːls]
salgado	sāļš	[saːlʲʃ]
salgar (vt)	piebērt sāli	[piɛbeːrt saːli]

pimenta (f) preta	melnie pipari (v dsk)	[melniɛ pipari]
pimenta (f) vermelha	paprika (s)	[paprika]
mostarda (f)	sinepes (s dsk)	[sinɛpes]
raiz-forte (f)	mārrutki (v dsk)	[maːrrutki]

condimento (m)	piedeva (s)	[piɛdɛva]
especiaria (f)	garšviela (s)	[garʃviɛla]
molho (m)	mērce (s)	[meːrtse]
vinagre (m)	etiķis (v)	[ɛtitʲis]

anis (m)	anīss (v)	[aniːs]
manjericão (m)	baziliks (v)	[baziliks]
cravo (m)	krustnagliņas (s dsk)	[krustnagliɲas]
gengibre (m)	ingvers (v)	[iŋgvɛrs]
coentro (m)	koriandrs (v)	[koriandrs]
canela (f)	kanēlis (v)	[kaneːlis]
sésamo (m)	sezams (v)	[sɛzams]
folhas (f pl) de louro	lauru lapa (s)	[lauru lapa]
páprica (f)	paprika (s)	[paprika]
cominho (m)	ķimenes (s dsk)	[tʲimɛnes]
açafrão (m)	safrāns (v)	[safraːns]

48. Refeições

comida (f)	ēdiens (v)	[eːdiɛns]
comer (vt)	ēst	[ɛːst]
pequeno-almoço (m)	brokastis (s dsk)	[brɔkastis]
tomar o pequeno-almoço	brokastot	[brɔkastɔt]
almoço (m)	pusdienas (s dsk)	[pusdiɛnas]
almoçar (vi)	pusdienot	[pusdiɛnɔt]
jantar (m)	vakariņas (s dsk)	[vakariɲas]
jantar (vi)	vakariņot	[vakariɲɔt]
apetite (m)	apetīte (s)	[apetiːte]
Bom apetite!	Labu apetīti!	[labu apetiːti!]
abrir (~ uma lata, etc.)	atvērt	[atveːrt]
derramar (vt)	izliet	[izliɛt]
derramar-se (vr)	izlieties	[izliɛtiɛs]
ferver (vi)	vārīties	[vaːriːtiɛs]
ferver (vt)	vārīt	[vaːriːt]
fervido	vārīts	[vaːriːts]
arrefecer (vt)	atdzesēt	[atdzɛseːt]
arrefecer-se (vr)	atdzesēties	[atdzɛseːtiɛs]
sabor, gosto (m)	garša (s)	[garʃa]
gostinho (m)	piegarša (s)	[piɛgarʃa]
fazer dieta	tievēt	[tiɛveːt]
dieta (f)	diēta (s)	[diɛːta]
vitamina (f)	vitamīns (v)	[vitamiːns]
caloria (f)	kalorija (s)	[kalorija]
vegetariano (m)	veģetārietis (v)	[vɛdʲɛtaːriɛtis]
vegetariano	veģetāriešu	[vɛdʲɛtaːriɛʃu]
gorduras (f pl)	tauki (v dsk)	[tauki]
proteínas (f pl)	olbaltumvielas (s dsk)	[ɔlbaltumviɛlas]
carboidratos (m pl)	ogļhidrāti (v dsk)	[ɔglʲxidraːti]
fatia (~ de limão, etc.)	šķēlīte (s)	[ʃtʲeːliːte]
pedaço (~ de bolo)	gabals (v)	[gabals]
migalha (f)	gabaliņš (v)	[gabaliɲʃ]

49. Por a mesa

colher (f)	karote (s)	[karɔte]
faca (f)	nazis (v)	[nazis]
garfo (m)	dakša (s)	[dakʃa]

chávena (f)	tase (s)	[tase]
prato (m)	šķīvis (v)	[ʃtʲiːvis]
pires (m)	apakštase (s)	[apakʃtase]
guardanapo (m)	salvete (s)	[salvɛte]
palito (m)	zobu bakstāmais (v)	[zɔbu baksta:mais]

50. Restaurante

restaurante (m)	restorāns (v)	[restɔraːns]
café (m)	kafejnīca (s)	[kafejniːtsa]
bar (m), cervejaria (f)	bārs (v)	[baːrs]
salão (m) de chá	tēju nams (v)	[teːju nams]

empregado (m) de mesa	oficiants (v)	[ɔfitsiants]
empregada (f) de mesa	oficiante (s)	[ɔfitsiante]
barman (m)	bārmenis (v)	[baːrmenis]

ementa (f)	ēdienkarte (s)	[eːdiɛnkarte]
lista (f) de vinhos	vīnu karte (s)	[viːnu karte]
reservar uma mesa	rezervēt galdiņu	[rɛzerveːt galdiɲu]

prato (m)	ēdiens (v)	[eːdiɛns]
pedir (vt)	pasūtīt	[pasuːtiːt]
fazer o pedido	pasūtīt	[pasuːtiːt]

aperitivo (m)	aperitīvs (v)	[aperitiːvs]
entrada (f)	uzkožamais (v)	[uzkɔʒamais]
sobremesa (f)	deserts (v)	[dɛserts]

conta (f)	rēķins (v)	[reːtʲins]
pagar a conta	samaksāt rēķinu	[samaksaːt reːtʲinu]
dar o troco	iedot atlikumu	[iɛdɔt atlikumu]
gorjeta (f)	dzeramnauda (s)	[dzɛramnauda]

Família, parentes e amigos

51. Informação pessoal. Formulários

nome (m)	vārds (v)	[va:rds]
apelido (m)	uzvārds (v)	[uzva:rds]
data (f) de nascimento	dzimšanas datums (v)	[dzimʃanas datums]
local (m) de nascimento	dzimšanas vieta (s)	[dzimʃanas viɛta]
nacionalidade (f)	tautība (s)	[tauti:ba]
lugar (m) de residência	dzīves vieta (s)	[dzi:ves viɛta]
país (m)	valsts (s)	[valsts]
profissão (f)	profesija (s)	[profesija]
sexo (m)	dzimums (v)	[dzimums]
estatura (f)	augums (v)	[augums]
peso (m)	svars (v)	[svars]

52. Membros da família. Parentes

mãe (f)	māte (s)	[ma:te]
pai (m)	tēvs (v)	[te:vs]
filho (m)	dēls (v)	[dɛ:ls]
filha (f)	meita (s)	[mɛita]
filha (f) mais nova	jaunākā meita (s)	[jauna:ka: mɛita]
filho (m) mais novo	jaunākais dēls (v)	[jauna:kais dɛ:ls]
filha (f) mais velha	vecākā meita (s)	[vetsa:ka: mɛita]
filho (m) mais velho	vecākais dēls (v)	[vetsa:kais dɛ:ls]
irmão (m)	brālis (v)	[bra:lis]
irmão (m) mais velho	vecākais brālis (v)	[vetsa:kais bra:lis]
irmão (m) mais novo	jaunākais brālis (v)	[jauna:kais bra:lis]
irmã (f)	māsa (s)	[ma:sa]
irmã (f) mais velha	vecākā māsa (s)	[vetsa:ka: ma:sa]
irmã (f) mais nova	jaunākā māsa (s)	[jauna:ka: ma:sa]
primo (m)	brālēns (v)	[bra:le:ns]
prima (f)	māsīca (s)	[ma:si:tsa]
mamã (f)	māmiņa (s)	[ma:miɲa]
papá (m)	tētis (v)	[te:tis]
pais (pl)	vecāki (v dsk)	[vetsa:ki]
criança (f)	bērns (v)	[be:rns]
crianças (f pl)	bērni (v dsk)	[be:rni]
avó (f)	vecmāmiņa (s)	[vetsma:miɲa]
avô (m)	vectēvs (v)	[vetste:vs]
neto (m)	mazdēls (v)	[mazdɛ:ls]

neta (f)	mazmeita (s)	[mazmɛita]
netos (pl)	mazbērni (v dsk)	[mazbe:rni]

tio (m)	onkulis (v)	[ɔnkulis]
tia (f)	tante (s)	[tante]
sobrinho (m)	brāļadēls, māsasdēls (v)	[bra:ļadɛ:ls], [ma:sasdɛ:ls]
sobrinha (f)	brāļameita, māsasmeita (s)	[bra:ļamɛita], [ma:sasmɛita]

sogra (f)	sievasmāte, vīramāte (s)	[siɛvasma:te], [vi:rama:te]
sogro (m)	sievastēvs, vīratēvs (v)	[siɛvaste:vs], [vi:rate:vs]
genro (m)	znots (v)	[znɔts]
madrasta (f)	pamāte (s)	[pama:te]
padrasto (m)	patēvs (v)	[pate:vs]

criança (f) de colo	krūts bērns (v)	[kru:ts be:rns]
bebé (m)	zīdainis (v)	[zi:dainis]
menino (m)	mazulis (v)	[mazulis]

mulher (f)	sieva (s)	[siɛva]
marido (m)	vīrs (v)	[vi:rs]
esposo (m)	dzīvesbiedrs (v)	[dzi:vesbiɛdrs]
esposa (f)	dzīvesbiedre (s)	[dzi:vesbiɛdre]

casado	precējies	[pretse:jiɛs]
casada	precējusies	[pretse:jusiɛs]
solteiro	neprecējies	[nepretse:jiɛs]
solteirão (m)	vecpuisis (v)	[vetspuisis]
divorciado	šķīries	[ʃķi:riɛs]
viúva (f)	atraitne (s)	[atraitne]
viúvo (m)	atraitnis (v)	[atraitnis]

parente (m)	radinieks (v)	[radiniɛks]
parente (m) próximo	tuvs radinieks (v)	[tuvs radiniɛks]
parente (m) distante	tāls radinieks (v)	[ta:ls radiniɛks]
parentes (m pl)	radi (v dsk)	[radi]

órfão (m)	bārenis (v)	[ba:renis]
órfã (f)	bārene (s)	[ba:rɛne]
tutor (m)	aizbildnis (v)	[aizbildnis]
adotar (um filho)	adoptēt zēnu	[adɔpte:t zɛ:nu]
adotar (uma filha)	adoptēt meiteni	[adɔpte:t mɛiteni]

53. Amigos. Colegas de trabalho

amigo (m)	draugs (v)	[draugs]
amiga (f)	draudzene (s)	[draudzɛne]
amizade (f)	draudzība (s)	[draudzi:ba]
ser amigos	draudzēties	[draudze:tiɛs]

amigo (m)	draugs (v)	[draugs]
amiga (f)	draudzene (s)	[draudzɛne]
parceiro (m)	partneris (v)	[partneris]
chefe (m)	šefs (v)	[ʃefs]
superior (m)	priekšnieks (v)	[priɛkʃniɛks]

proprietário (m)	īpašnieks (v)	[i:paʃniɛks]
subordinado (m)	padotais (v)	[padɔtais]
colega (m)	kolēģis (v)	[kɔle:dʲis]
conhecido (m)	paziņa (s, v)	[paziŋa]
companheiro (m) de viagem	ceļabiedrs (v)	[tsɛlʲabiɛdrs]
colega (m) de classe	klases biedrs (v)	[klases biɛdrs]
vizinho (m)	kaimiņš (v)	[kaimiɲʃ]
vizinha (f)	kaimiņiene (s)	[kaimiɲiɛne]
vizinhos (pl)	kaimiņi (v dsk)	[kaimiɲi]

54. Homem. Mulher

mulher (f)	sieviete (s)	[siɛviɛte]
rapariga (f)	jauniete (s)	[jauniɛte]
noiva (f)	līgava (s)	[li:gava]
bonita	skaista	[skaista]
alta	augsta	[augsta]
esbelta	slaida	[slaida]
de estatura média	neliela auguma	[neliɛla auguma]
loura (f)	blondīne (s)	[blɔndi:ne]
morena (f)	brunete (s)	[brunɛte]
de senhora	dāmu	[da:mu]
virgem (f)	jaunava (s)	[jaunava]
grávida	grūta	[gru:ta]
homem (m)	vīrietis (v)	[vi:riɛtis]
louro (m)	blondīns (v)	[blɔndi:ns]
moreno (m)	brunets (v)	[brunets]
alto	augsts	[augsts]
de estatura média	neliela auguma	[neliɛla auguma]
rude	rupjš	[rupjʃ]
atarracado	drukns	[drukns]
robusto	spēcīgs	[spe:tsi:gs]
forte	spēcīgs	[spe:tsi:gs]
força (f)	spēks (v)	[spe:ks]
gordo	tukls	[tukls]
moreno	melnīgsnējs	[melni:gsne:js]
esbelto	slaids	[slaids]
elegante	elegants	[elɛgants]

55. Idade

idade (f)	vecums (v)	[vetsums]
juventude (f)	jaunība (s)	[jauni:ba]
jovem	jauns	[jauns]

| mais novo | jaunāks | [jauna:ks] |
| mais velho | vecāks | [vetsa:ks] |

jovem (m)	jauneklis (v)	[jauneklis]
adolescente (m)	pusaudzis (v)	[pusaudzis]
rapaz (m)	puisis (v)	[puisis]

| velho (m) | vecītis (v) | [vetsi:tis] |
| velhota (f) | vecenīte (s) | [vetseni:te] |

adulto	pieaudzis	[piɛaudzis]
de meia-idade	pusmūža gados	[pusmu:ʒa gadɔs]
idoso, de idade	pavecs	[pavets]
velho	vecs	[vets]

reforma (f)	pensionēšanās (s)	[pensiɔne:ʃana:s]
reformar-se (vr)	aiziet pensijā	[aiziɛt pensija:]
reformado (m)	pensionārs (v)	[pensiɔna:rs]

56. Crianças

criança (f)	bērns (v)	[be:rns]
crianças (f pl)	bērni (v dsk)	[be:rni]
gémeos (m pl)	dvīņi (v dsk)	[dvi:ɲi]

berço (m)	šūpulis (v)	[ʃu:pulis]
guizo (m)	grābeklis (v)	[gra:beklis]
fralda (f)	paklājiņš (v)	[pakla:jiɲʃ]

chupeta (f)	knupis (v)	[knupis]
carrinho (m) de bebé	bērnu ratiņi (v dsk)	[be:rnu ratiɲi]
jardim (m) de infância	bērnudārzs (v)	[be:rnuda:rzs]
babysitter (f)	aukle (s)	[aukle]

infância (f)	bērnība (s)	[be:rni:ba]
boneca (f)	lelle (s)	[lelle]
brinquedo (m)	rotaļlieta (s)	[rɔtalʲliɛta]
jogo (m) de armar	konstruktors (v)	[kɔnstruktɔrs]

bem-educado	audzināts	[audzina:ts]
mal-educado	neaudzināts	[neaudzina:ts]
mimado	izlutināts	[izlutina:ts]

ser travesso	draiskoties	[draiskɔtiɛs]
travesso, traquinas	draiskulīgs	[draiskuli:gs]
travessura (f)	draiskulība (s)	[draiskuli:ba]
criança (f) travessa	draiskulis (v)	[draiskulis]

| obediente | paklausīgs | [paklausi:gs] |
| desobediente | nepaklausīgs | [nɛpaklausi:gs] |

dócil	saprātīgs	[sapra:ti:gs]
inteligente	gudrs	[gudrs]
menino (m) prodígio	brīnumbērns (v)	[bri:numbe:rns]

57. Casais. Vida de família

beijar (vt)	skūpstīt	[skuːpstiːt]
beijar-se (vr)	skūpstīties	[skuːpstiːtiɛs]
família (f)	ģimene (s)	[dʲimɛne]
familiar	ģimenes	[dʲimɛnes]
casal (m)	pāris (v)	[paːris]
matrimónio (m)	laulība (s)	[lauliːba]
lar (m)	ģimenes pavards (v)	[dʲimɛnes pavards]
dinastia (f)	dinastija (s)	[dinastija]
encontro (m)	randiņš (v)	[randiɲʃ]
beijo (m)	skūpsts (v)	[skuːpsts]
amor (m)	mīlestība (s)	[miːlestiːba]
amar (vt)	mīlēt	[miːleːt]
amado, querido	mīļotais	[miːlʲotais]
ternura (f)	maigums (v)	[maigums]
terno, afetuoso	maigs	[maigs]
fidelidade (f)	uzticība (s)	[uztitsiːba]
fiel	uzticīgs	[uztitsiːgs]
cuidado (m)	rūpes (s dsk)	[ruːpes]
carinhoso	rūpīgs	[ruːpiːgs]
recém-casados (m pl)	jaunlaulātie (v dsk)	[jaunlaulaːtiɛ]
lua de mel (f)	medus mēnesis (v)	[mɛdus mɛːnesis]
boda (f)	kāzas (s dsk)	[kaːzas]
bodas (f pl) de ouro	zelta kāzas (s dsk)	[zelta kaːzas]
aniversário (m)	gadadiena (s)	[gadadiɛna]
amante (m)	mīļākais (v)	[miːlʲaːkais]
amante (f)	mīļākā (s)	[miːlʲaːkaː]
adultério (m)	nodevība (s)	[nɔdeviːba]
cometer adultério	nodot	[nɔdɔt]
ciumento	greizsirdīgs	[grɛizsirdiːgs]
ser ciumento	būt greizsirdīgam	[buːt grɛizsirdiːgam]
divórcio (m)	šķiršanās (s)	[ʃtʲirʃanaːs]
divorciar-se (vr)	šķirties	[ʃtʲirtiɛs]
brigar (discutir)	strīdēties	[striːdeːtiɛs]
fazer as pazes	līgt mieru	[liːgt miɛru]
juntos	kopā	[kɔpaː]
sexo (m)	sekss (v)	[seks]
felicidade (f)	laime (s)	[laime]
feliz	laimīgs	[laimiːgs]
infelicidade (f)	nelaime (s)	[nɛlaime]
infeliz	nelaimīgs	[nɛlaimiːgs]

Caráter. Sentimentos. Emoções

58. Sentimentos. Emoções

sentimento (m)	sajūta (s)	[saju:ta]
sentimentos (m pl)	jūtas (s dsk)	[ju:tas]
sentir (vt)	just	[just]
fome (f)	izsalkums (v)	[izsalkums]
ter fome	gribēt ēst	[gribe:t e:st]
sede (f)	slāpes (s dsk)	[sla:pes]
ter sede	gribēt dzert	[gribe:t dzert]
sonolência (f)	miegainība (s)	[miɛgaini:ba]
estar sonolento	justies miegainam	[justies miɛgainam]
cansaço (m)	nogurums (v)	[nɔgurums]
cansado	noguris	[nɔguris]
ficar cansado	nogurt	[nɔgurt]
humor (m)	garastāvoklis (v)	[garasta:vɔklis]
tédio (m)	garlaicība (s)	[garlaitsi:ba]
aborrecer-se (vr)	garlaikoties	[garlaikɔtiɛs]
isolamento (m)	vientulība (s)	[viɛntuli:ba]
isolar-se	nošķirties	[nɔʃtʲirtiɛs]
preocupar (vt)	uztraukt	[uztraukt]
preocupar-se (vr)	uztraukties	[uztrauktiɛs]
preocupação (f)	satraukums (v)	[satraukums]
ansiedade (f)	nemiers (v)	[nemiɛrs]
preocupado	noraizējies	[nɔraize:jiɛs]
estar nervoso	nervozēt	[nervɔze:t]
entrar em pânico	padoties panikai	[padɔties panikai]
esperança (f)	cerība (s)	[tseri:ba]
esperar (vt)	cerēt	[tsɛre:t]
certeza (f)	pārliecība (s)	[pa:rliɛtsi:ba]
certo	pārliecināts	[pa:rliɛtsina:ts]
indecisão (f)	nedrošība (s)	[nedrɔʃi:ba]
indeciso	nedrošs	[nedrɔʃs]
ébrio, bêbado	piedzēries	[piɛdze:riɛs]
sóbrio	nedzēris	[nedze:ris]
fraco	vājš	[va:jʃ]
feliz	laimīgs	[laimi:gs]
assustar (vt)	nobiedēt	[nɔbiɛde:t]
fúria (f)	trakums (v)	[trakums]
ira, raiva (f)	niknums (v)	[niknums]
depressão (f)	depresija (s)	[depresija]
desconforto (m)	diskomforts (v)	[diskɔmfɔrts]

conforto (m)	komforts (v)	[kɔmfɔrts]
arrepender-se (vr)	nožēlot	[nɔʒɛ:lɔt]
arrependimento (m)	nožēla (s)	[nɔʒɛ:la]
azar (m), má sorte (f)	neveiksme (s)	[nevɛiksme]
tristeza (f)	sarūgtinājums (v)	[saru:gtina:jums]

vergonha (f)	kauns (v)	[kauns]
alegria (f)	jautrība (s)	[jautri:ba]
entusiasmo (m)	entuziasms (v)	[entuziasms]
entusiasta (m)	entuziasts (v)	[entuziasts]
mostrar entusiasmo	izrādīt entuziasmu	[izra:di:t entuziasmu]

59. Caráter. Personalidade

caráter (m)	raksturs (v)	[raksturs]
falha (f) de caráter	trūkums (v)	[tru:kums]
mente (f)	prāts (v)	[pra:ts]
razão (f)	saprāts (v)	[sapra:ts]

consciência (f)	sirdsapziņa (s)	[sirdsapziɲa]
hábito (m)	ieradums (v)	[iɛradums]
habilidade (f)	spēja (s)	[spe:ja]
saber (~ nadar, etc.)	prast	[prast]

paciente	pacietīgs	[patsiɛti:gs]
impaciente	nepacietīgs	[nɛpatsiɛti:gs]
curioso	ziņkārīgs	[ziɲka:ri:gs]
curiosidade (f)	ziņkārība (s)	[ziɲka:ri:ba]

modéstia (f)	kautrība (s)	[kautri:ba]
modesto	kautrīgs	[kautri:gs]
imodesto	nekautrīgs	[nɛkautri:gs]

preguiça (f)	slinkums (v)	[slinkums]
preguiçoso	slinks	[slinks]
preguiçoso (m)	sliņķis (v)	[sliɲtʲis]

astúcia (f)	viltība (s)	[vilti:ba]
astuto	viltīgs	[vilti:gs]
desconfiança (f)	neuzticība (s)	[nɛuztitsi:ba]
desconfiado	neuzticīgs	[nɛuztitsi:gs]

generosidade (f)	devība (s)	[devi:ba]
generoso	devīgs	[devi:gs]
talentoso	talantīgs	[talanti:gs]
talento (m)	talants (v)	[talants]

corajoso	drosmīgs	[drɔsmi:gs]
coragem (f)	drosme (s)	[drɔsme]
honesto	godīgs	[gɔdi:gs]
honestidade (f)	godīgums (v)	[gɔdi:gums]

prudente	piesardzīgs	[piɛsardzi:gs]
valente	drošsirdīgs	[drɔʃsirdi:gs]

sério	nopietns	[nɔpiɛtns]
severo	stingrs	[stiŋgrs]

decidido	apņēmīgs	[apɲeːmiːgs]
indeciso	neapņēmīgs	[neapɲeːmiːgs]
tímido	bikls	[bikls]
timidez (f)	biklums (v)	[biklums]

confiança (f)	uzticība (s)	[uztitsiːba]
confiar (vt)	uzticēt	[uztitseːt]
crédulo	lētticīgs	[leːttitsiːgs]

sinceramente	vaļsirdīgi	[valʲsirdiːgi]
sincero	vaļsirdīgs	[valʲsirdiːgs]
sinceridade (f)	vaļsirdība (s)	[valʲsirdiːba]
aberto	atklāts	[atklaːts]

calmo	mierīgs	[miɛriːgs]
franco	klajš	[klajʃ]
ingénuo	naivs	[naivs]
distraído	izklaidīgs	[izklaidiːgs]
engraçado	smieklīgs	[smiɛkliːgs]

ganância (f)	alkatība (s)	[alkatiːba]
ganancioso	alkatīgs	[alkatiːgs]
avarento	skops	[skɔps]
mau	ļauns	[lʲauns]
teimoso	stūrgalvīgs	[stuːrgalviːgs]
desagradável	nepatīkams	[nɛpatiːkams]

egoísta (m)	egoists (v)	[egɔists]
egoísta	egoistisks	[egɔistisks]
cobarde (m)	gļēvulis (v)	[glʲɛːvulis]
cobarde	gļēvulīgs	[glʲɛːvuliːgs]

60. O sono. Sonhos

dormir (vi)	gulēt	[guleːt]
sono (m)	miegs (v)	[miɛgs]
sonho (m)	sapnis (v)	[sapnis]
sonhar (vi)	sapņot	[sapɲɔt]
sonolento	miegains	[miɛgains]

cama (f)	gulta (s)	[gulta]
colchão (m)	matracis (v)	[matratsis]
cobertor (m)	sega (s)	[sɛga]
almofada (f)	spilvens (v)	[spilvens]
lençol (m)	palags (v)	[palags]

insónia (f)	bezmiegs (v)	[bezmiɛgs]
insone	bezmiega	[bezmiɛga]
sonífero (m)	miegazāles (s dsk)	[miɛgazaːles]
tomar um sonífero	iedzert miegazāles	[iɛdzert miɛgazaːles]
estar sonolento	justies miegainam	[justies miɛgainam]

bocejar (vi)	žāvāties	[ʒa:va:tiɛs]
ir para a cama	iet gulēt	[iɛt gule:t]
fazer a cama	saklāt gultu	[sakla:t gultu]
adormecer (vi)	aizmigt	[aizmigt]

pesadelo (m)	murgi (v dsk)	[murgi]
ronco (m)	krākšana (s)	[kra:kʃana]
roncar (vi)	krākt	[kra:kt]

despertador (m)	modinātājs (v)	[mɔdina:ta:js]
acordar, despertar (vt)	uzmodināt	[uzmɔdina:t]
acordar (vi)	uzmosties	[uzmɔstiɛs]
levantar-se (vr)	piecelties no gultas	[piɛtselties nɔ gultas]
lavar-se (vr)	mazgāties	[mazga:tiɛs]

61. Humor. Riso. Alegria

humor (m)	humors (v)	[xumɔrs]
sentido (m) de humor	humora izjūta (s)	[xumɔra izju:ta]
divertir-se (vr)	līksmot	[li:ksmɔt]
alegre	jautrs	[jautrs]
alegria (f)	jautrība (s)	[jautri:ba]

sorriso (m)	smaids (v)	[smaids]
sorrir (vi)	smaidīt	[smaidi:t]
começar a rir	iesmieties	[iɛsmiɛtiɛs]
rir (vi)	smieties	[smiɛtiɛs]
riso (m)	smiekli (v dsk)	[smiɛkli]

anedota (f)	anekdote (s)	[anegdɔte]
engraçado	smieklīgs	[smiɛkli:gs]
ridículo	jocīgs	[jɔtsi:gs]

brincar, fazer piadas	jokot	[jɔkɔt]
piada (f)	joks (v)	[jɔks]
alegria (f)	prieks (v)	[priɛks]
regozijar-se (vr)	priecāties	[priɛtsa:tiɛs]
alegre	priecīgs	[priɛtsi:gs]

62. Discussão, conversação. Parte 1

comunicação (f)	sazināšanās (s)	[sazina:ʃana:s]
comunicar-se (vr)	saieties	[saiɛtiɛs]

conversa (f)	saruna (s)	[saruna]
diálogo (m)	dialogs (v)	[dialɔgs]
discussão (f)	diskusija (s)	[diskusija]
debate (m)	strīds (v)	[stri:ds]
debater (vt)	strīdēties	[stri:de:tiɛs]

interlocutor (m)	sarunu biedrs (v)	[sarunu biɛdrs]
tema (m)	temats (v)	[tɛmats]

ponto (m) de vista	viedoklis (v)	[viɛdɔklis]
opinião (f)	uzskats (v)	[uzskats]
discurso (m)	runa (s)	[runa]

discussão (f)	apspriešana (s)	[apspriɛʃana]
discutir (vt)	apspriest	[apspriɛst]
conversa (f)	saruna (s)	[saruna]
conversar (vi)	sarunāties	[saruna:tiɛs]
encontro (m)	satikšanās (s)	[satikʃana:s]
encontrar-se (vr)	satikt	[satikt]

provérbio (m)	sakāmvārds (v)	[saka:mva:rds]
ditado (m)	paruna (s)	[paruna]
adivinha (f)	mīkla (s)	[mi:kla]
dizer uma adivinha	uzdot mīklu	[uzdɔt mi:klu]
senha (f)	parole (s)	[parɔle]
segredo (m)	noslēpums (v)	[nɔslɛ:pums]

juramento (m)	zvērests (v)	[zvɛ:rests]
jurar (vi)	zvērēt	[zvɛ:re:t]
promessa (f)	solījums (v)	[sɔli:jums]
prometer (vt)	solīt	[sɔli:t]

conselho (m)	padoms (v)	[padɔms]
aconselhar (vt)	dot padomu	[dɔt padɔmu]
seguir o conselho	sekot padomam	[sekɔt padɔmam]
escutar (~ os conselhos)	klausīt padomam	[klausi:t padɔmam]

novidade, notícia (f)	jaunums (v)	[jaunums]
sensação (f)	sensācija (s)	[sensa:tsija]
informação (f)	ziņas (s dsk)	[ziɲas]
conclusão (f)	secinājums (v)	[setsina:jums]
voz (f)	balss (v)	[bals]
elogio (m)	kompliments (v)	[kɔmpliments]
amável	laipns	[laipns]

palavra (f)	vārds (v)	[va:rds]
frase (f)	frāze (s)	[fra:ze]
resposta (f)	atbilde (s)	[atbilde]

| verdade (f) | patiesība (s) | [patiɛsi:ba] |
| mentira (f) | meli (v dsk) | [meli] |

pensamento (m)	doma (s)	[dɔma]
ideia (f)	ideja (s), doma (s)	[ideja], [dɔma]
fantasia (f)	fantāzija (s)	[fanta:zija]

63. Discussão, conversação. Parte 2

estimado	cienījams	[tsiɛni:jams]
respeitar (vt)	cienīt	[tsiɛni:t]
respeito (m)	cieņa (s)	[tsiɛɲa]
Estimado ..., Caro ...	Cienījamais ...	[tsiɛni:jamais ...]
apresentar (vt)	iepazīstināt	[iɛpazi:stina:t]

travar conhecimento	iepazīties	[iɛpazi:tiɛs]
intenção (f)	nodoms (v)	[nɔdɔms]
tencionar (vt)	domāt	[dɔma:t]
desejo (m)	novēlējums (v)	[nɔvɛ:le:jums]
desejar (ex. ~ boa sorte)	novēlēt	[nɔvɛ:le:t]

surpresa (f)	izbrīns (v)	[izbri:ns]
surpreender (vt)	pārsteigt	[pa:rstɛigt]
surpreender-se (vr)	brīnīties	[bri:ni:tiɛs]

dar (vt)	dot	[dɔt]
pegar (tomar)	paņemt	[paɲemt]
devolver (vt)	atdot atpakaļ	[atdɔt atpakalʲ]
retornar (vt)	atdot	[atdɔt]

desculpar-se (vr)	atvainoties	[atvainɔtiɛs]
desculpa (f)	atvainošanās (s dsk)	[atvainɔʃana:s]
perdoar (vt)	piedot	[piɛdɔt]

falar (vi)	sarunāties	[saruna:tiɛs]
escutar (vt)	klausīt	[klausi:t]
ouvir até o fim	noklausīties	[nɔklausi:tiɛs]
compreender (vt)	saprast	[saprast]

mostrar (vt)	parādīt	[para:di:t]
olhar para ...	skatīties uz ...	[skati:ties uz ...]
chamar (dizer em voz alta o nome)	saukt	[saukt]
distrair (vt)	traucēt	[trautse:t]
perturbar (vt)	traucēt	[trautse:t]
entregar (~ em mãos)	nodot	[nɔdɔt]

pedido (m)	lūgums (v)	[lu:gums]
pedir (ex. ~ ajuda)	lūgt	[lu:gt]
exigência (f)	pieprasījums (v)	[piɛprasi:jums]
exigir (vt)	prasīt	[prasi:t]

chamar nomes (vt)	kaitināt	[kaitina:t]
zombar (vt)	zoboties	[zɔbɔtiɛs]
zombaria (f)	izsmiekls (v)	[izsmiɛkls]
alcunha (f)	iesauka (s)	[iɛsauka]

insinuação (f)	netiešs norādījums (v)	[netiɛʃs nɔra:di:jums]
insinuar (vt)	netieši norādīt	[netiɛʃi nɔra:di:t]
subentender (vt)	domāt	[dɔma:t]

descrição (f)	raksturojums (v)	[raksturɔjums]
descrever (vt)	aprakstīt	[apraksti:t]
elogio (m)	uzslava (s)	[uzslava]
elogiar (vt)	slavēt	[slave:t]

desapontamento (m)	vilšanās (s)	[vilʃana:s]
desapontar (vt)	likt vilties	[likt viltiɛs]
desapontar-se (vr)	vilties	[viltiɛs]
suposição (f)	pieņēmums (v)	[piɛɲe:mums]
supor (vt)	pieņemt	[piɛɲemt]

| advertência (f) | brīdinājums (v) | [bri:dina:jums] |
| advertir (vt) | brīdināt | [bri:dina:t] |

64. Discussão, conversação. Parte 3

| convencer (vt) | pierunāt | [piɛruna:t] |
| acalmar (vt) | nomierināt | [nɔmiɛrina:t] |

silêncio (o ~ é de ouro)	klusēšana (s)	[kluse:ʃana]
ficar em silêncio	klusēt	[kluse:t]
sussurrar (vt)	iečukstēt	[iɛtʃukste:t]
sussurro (m)	čuksts (v)	[tʃuksts]

| francamente | vaļsirdīgi | [valʲsirdi:gi] |
| a meu ver ... | manuprāt ... | [manupra:t ...] |

detalhe (~ da história)	sīkums (v)	[si:kums]
detalhado	sīks	[si:ks]
detalhadamente	sīki	[si:ki]

| dica (f) | priekšā teikšana (s) | [priɛkʃa: tɛikʃana] |
| dar uma dica | dot mājienu | [dɔt ma:jiɛnu] |

olhar (m)	skatiens (v)	[skatiɛns]
dar uma vista de olhos	paskatīties	[paskati:tiɛs]
fixo (olhar ~)	stingrs skatiens	[stiŋgrs skatiɛns]
piscar (vi)	mirkšķināt	[mirkʃtʲina:t]
pestanejar (vt)	pamirkšķināt	[pamirkʃtʲina:t]
acenar (com a cabeça)	pamāt ar galvu	[pama:t ar galvu]

suspiro (m)	nopūta (s)	[nɔpu:ta]
suspirar (vi)	nopūsties	[nɔpu:stiɛs]
estremecer (vi)	satrūkties	[satru:ktiɛs]
gesto (m)	žests (v)	[ʒests]
tocar (com as mãos)	pieskarties	[piɛskartiɛs]
agarrar (~ pelo braço)	tvert	[tvert]
bater de leve	blīkšķināt	[bli:kʃtʲina:t]

Cuidado!	Uzmanīgi!	[uzmani:gi!]
A sério?	Vai tiešām?	[vai tiɛʃa:m?]
Tem certeza?	Vai esi pārliecināts?	[vai esi pa:rliɛtsina:ts?]
Boa sorte!	Veiksmi!	[vɛiksmi!]
Compreendi!	Skaidrs!	[skaidrs!]
Que pena!	Žēl!	[ʒe:l!]

65. Acordo. Recusa

consentimento (~ mútuo)	piekrišana (s)	[piɛkriʃana]
consentir (vi)	piekrist	[piɛkrist]
aprovação (f)	aprobēšana (s)	[aprɔbe:ʃana]
aprovar (vt)	aprobēt	[aprɔbe:t]
recusa (f)	atteice (s)	[attɛitse]

negar-se (vt)	atteikties	[attɛiktiɛs]
Está ótimo!	Lieliski!	[liɛliski!]
Muito bem!	Labi!	[labi!]
Está bem! De acordo!	Lai ir!	[lai ir!]

proibido	aizliegts	[aizliɛgts]
é proibido	nedrīkst	[nedri:kst]
é impossível	nav iespējams	[nav iɛspe:jams]
incorreto	nepareizs	[nɛparɛizs]

rejeitar (~ um pedido)	noraidīt	[nɔraidi:t]
apoiar (vt)	atbalstīt	[atbalsti:t]
aceitar (desculpas, etc.)	pieņemt	[piɛɲemt]

confirmar (vt)	apstiprināt	[apstiprina:t]
confirmação (f)	apstiprinājums (v)	[apstiprina:jums]
permissão (f)	atļaušana (s)	[atlʲauʃana]
permitir (vt)	atļaut	[atlʲaut]
decisão (f)	lēmums (v)	[lɛ:mums]
não dizer nada	noklusēt	[nɔkluse:t]

condição (com uma ~)	nosacījums (v)	[nɔsatsi:jums]
pretexto (m)	atruna (s)	[atruna]
elogio (m)	uzslava (s)	[uzslava]
elogiar (vt)	slavēt	[slave:t]

66. Sucesso. Boa sorte. Insucesso

êxito, sucesso (m)	sekmes (s dsk)	[sekmes]
com êxito	sekmīgi	[sekmi:gi]
bem sucedido	sekmīgs	[sekmi:gs]

sorte (fortuna)	veiksme (s)	[vɛiksme]
Boa sorte!	Veiksmi!	[vɛiksmi!]
de sorte	veiksmīgs	[vɛiksmi:gs]
sortudo, felizardo	laimīgs	[laimi:gs]

fracasso (m)	neveiksme (s)	[nevɛiksme]
pouca sorte (f)	neveiksme (s)	[nevɛiksme]
azar (m), má sorte (f)	neveiksme (s)	[nevɛiksme]

| mal sucedido | neveiksmīgs | [nevɛiksmi:gs] |
| catástrofe (f) | katastrofa (s) | [katastrofa] |

orgulho (m)	lepnums (v)	[lepnums]
orgulhoso	lepns	[lepns]
estar orgulhoso	lepoties	[lepɔtiɛs]

vencedor (m)	uzvarētājs (v)	[uzvarɛ:ta:js]
vencer (vi)	uzvarēt	[uzvare:t]
perder (vt)	zaudēt	[zaude:t]
tentativa (f)	mēģinājums (v)	[me:dʲina:jums]
tentar (vt)	mēģināt	[me:dʲina:t]
chance (m)	izdevība (s)	[izdevi:ba]

67. Conflitos. Emoções negativas

grito (m)	kliedziens (v)	[kliɛdziɛns]
gritar (vi)	kliegt	[kliɛgt]
começar a gritar	iekliegties	[iɛkliɛgtiɛs]

discussão (f)	ķilda (s)	[tⁱilda]
discutir (vt)	strīdēties	[stri:de:tiɛs]
escândalo (m)	skandāls (v)	[skanda:ls]
criar escândalo	skandalēt	[skandale:t]
conflito (m)	konflikts (v)	[kɔnflikts]
mal-entendido (m)	pārpratums (v)	[pa:rpratums]

insulto (m)	apvainošana (s)	[apvainɔʃana]
insultar (vt)	aizvainot	[aizvainɔt]
insultado	apvainotais	[apvainɔtais]
ofensa (f)	aizvainojums (v)	[aizvainɔjums]
ofender (vt)	aizvainot	[aizvainɔt]
ofender-se (vr)	aizvainoties	[aizvainɔtiɛs]

indignação (f)	sašutums (v)	[saʃutums]
indignar-se (vr)	paust sašutumu	[paust saʃutumu]
queixa (f)	sūdzība (s)	[su:dzi:ba]
queixar-se (vr)	sūdzēties	[su:dze:tiɛs]

desculpa (f)	atvainošanās (s dsk)	[atvainɔʃana:s]
desculpar-se (vr)	atvainoties	[atvainɔtiɛs]
pedir perdão	lūgt piedošanu	[lu:gt piɛdɔʃanu]

crítica (f)	kritika (s)	[kritika]
criticar (vt)	kritizēt	[kritize:t]
acusação (f)	apsūdzība (s)	[apsu:dzi:ba]
acusar (vt)	apsūdzēt	[apsu:dze:t]

vingança (f)	atriebība (s)	[atriɛbi:ba]
vingar (vt)	atriebties	[atriɛbtiɛs]
vingar-se (vr)	atmaksāt	[atmaksa:t]

desprezo (m)	nicinājums (v)	[nitsina:jums]
desprezar (vt)	nicināt	[nitsina:t]
ódio (m)	naids (v)	[naids]
odiar (vt)	ienīst	[iɛni:st]

nervoso	nervozs	[nervɔzs]
estar nervoso	nervozēt	[nervɔze:t]
zangado	dusmīgs	[dusmi:gs]
zangar (vt)	sadusmot	[sadusmɔt]

humilhação (f)	pazemošana (s)	[pazemɔʃana]
humilhar (vt)	pazemot	[pazemɔt]
humilhar-se (vr)	pazemoties	[pazemɔtiɛs]

choque (m)	šoks (v)	[ʃɔks]
chocar (vt)	šokēt	[ʃoke:t]
aborrecimento (m)	nepatikšanas (s dsk)	[nɛpatikʃanas]

desagradável	nepatīkams	[nɛpati:kams]
medo (m)	bailes (s dsk)	[bailes]
terrível (tempestade, etc.)	baigs	[baigs]
assustador (ex. história ~a)	šausmīgs	[ʃausmi:gs]
horror (m)	šausmas (s dsk)	[ʃausmas]
horrível (crime, etc.)	briesmīgs	[briɛsmi:gs]

começar a tremer	iedrebēties	[iɛdrɛbe:tiɛs]
chorar (vi)	raudāt	[rauda:t]
começar a chorar	ieraudāties	[iɛrauda:tiɛs]
lágrima (f)	asara (s)	[asara]

falta (f)	vaina (s)	[vaina]
culpa (f)	vaina (s)	[vaina]
desonra (f)	kauns (v)	[kauns]
protesto (m)	protests (v)	[prɔtests]
stresse (m)	stress (v)	[stres]

perturbar (vt)	traucēt	[trautse:t]
zangar-se com …	niknoties	[niknɔtiɛs]
zangado	nikns	[nikns]
terminar (vt)	pārtraukt	[pa:rtraukt]
praguejar	lamāties	[lama:tiɛs]

assustar-se	baidīties	[baidi:tiɛs]
golpear (vt)	iesist	[iɛsist]
brigar (na rua, etc.)	kauties	[kautiɛs]

resolver (o conflito)	nokārtot	[nɔka:rtɔt]
descontente	neapmierināts	[neapmiɛrina:ts]
furioso	sīvs	[si:vs]

| Não está bem! | Tas nav labi! | [tas nav labi!] |
| É mau! | Tas ir slikti! | [tas ir slikti!] |

Medicina

68. Doenças

doença (f)	slimība (s)	[slimi:ba]
estar doente	slimot	[slimɔt]
saúde (f)	veselība (s)	[vɛseli:ba]
nariz (m) a escorrer	iesnas (s dsk)	[iɛsnas]
amigdalite (f)	angīna (s)	[aŋgi:na]
constipação (f)	saaukstēšanās (s)	[saaukste:ʃana:s]
constipar-se (vr)	saaukstēties	[saaukste:tiɛs]
bronquite (f)	bronhīts (v)	[brɔnxi:ts]
pneumonia (f)	plaušu karsonis (v)	[plauʃu karsɔnis]
gripe (f)	gripa (s)	[gripa]
míope	tuvredzīgs	[tuvredzi:gs]
presbita	tālredzīgs	[ta:lredzi:gs]
estrabismo (m)	šķielēšana (s)	[ʃtʲiɛle:ʃana]
estrábico	šķielējošs	[ʃtʲiɛle:jɔʃs]
catarata (f)	katarakta (s)	[katarakta]
glaucoma (m)	glaukoma (s)	[glaukɔma]
AVC (m), apoplexia (f)	insults (v)	[insults]
ataque (m) cardíaco	infarkts (v)	[infarkts]
enfarte (m) do miocárdio	miokarda infarkts (v)	[miɔkarda infarkts]
paralisia (f)	paralīze (s)	[parali:ze]
paralisar (vt)	paralizēt	[paralize:t]
alergia (f)	alerģija (s)	[alerdʲija]
asma (f)	astma (s)	[astma]
diabetes (f)	diabēts (v)	[diabe:ts]
dor (f) de dentes	zobu sāpes (s dsk)	[zɔbu sa:pes]
cárie (f)	kariess (v)	[kariɛs]
diarreia (f)	caureja (s)	[tsaureja]
prisão (f) de ventre	aizcietējums (v)	[aiztsiɛte:jums]
desarranjo (m) intestinal	gremošanas traucējumi (v dsk)	[gremɔʃanas trautse:jumi]
intoxicação (f) alimentar	saindēšanās (s)	[sainde:ʃana:s]
intoxicar-se	saindēties	[sainde:tiɛs]
artrite (f)	artrīts (v)	[artri:ts]
raquitismo (m)	rahīts (v)	[raxi:ts]
reumatismo (m)	reimatisms (v)	[rɛimatisms]
arteriosclerose (f)	ateroskleroze (s)	[aterɔsklerɔze]
gastrite (f)	gastrīts (v)	[gastri:ts]
apendicite (f)	apendicīts (v)	[apenditsi:ts]

colecistite (f)	holecistīts (v)	[xɔletsisti:ts]
úlcera (f)	čūla (s)	[tʃu:la]
sarampo (m)	masalas (s dsk)	[masalas]
rubéola (f)	masaliņas (s dsk)	[masaliɲas]
iterícia (f)	dzeltenā kaite (s)	[dzeltɛna: kaite]
hepatite (f)	hepatīts (v)	[xɛpati:ts]
esquizofrenia (f)	šizofrēnija (s)	[ʃizɔfre:nija]
raiva (f)	trakumsērga (s)	[trakumse:rga]
neurose (f)	neiroze (s)	[nɛirɔze]
comoção (f) cerebral	smadzeņu satricinājums (v)	[smadzɛɲu satritsina:jums]
cancro (m)	vēzis (v)	[ve:zis]
esclerose (f)	skleroze (s)	[sklerɔze]
esclerose (f) múltipla	multiplā skleroze (s)	[multipla: sklerɔze]
alcoolismo (m)	alkoholisms (v)	[alkɔxɔlisms]
alcoólico (m)	alkoholiķis (v)	[alkɔxɔlitʲis]
sífilis (f)	sifiliss (v)	[sifilis]
SIDA (f)	AIDS (v)	[aids]
tumor (m)	audzējs (v)	[audze:js]
maligno	ļaundabīgs	[lʲaundabi:gs]
benigno	labdabīgs	[labdabi:gs]
febre (f)	drudzis (v)	[drudzis]
malária (f)	malārija (s)	[mala:rija]
gangrena (f)	gangrēna (s)	[gaŋgrɛ:na]
enjoo (m)	jūras slimība (s)	[ju:ras slimi:ba]
epilepsia (f)	epilepsija (s)	[epilepsija]
epidemia (f)	epidēmija (s)	[epide:mija]
tifo (m)	tīfs (v)	[ti:fs]
tuberculose (f)	tuberkuloze (s)	[tuberkulɔze]
cólera (f)	holēra (s)	[xɔlɛ:ra]
peste (f)	mēris (v)	[me:ris]

69. Sintomas. Tratamentos. Parte 1

sintoma (m)	simptoms (v)	[simptɔms]
temperatura (f)	temperatūra (s)	[tempɛratu:ra]
febre (f)	augsta temperatūra (s)	[augsta tempɛratu:ra]
pulso (m)	pulss (v)	[puls]
vertigem (f)	galvas reibšana (s)	[galvas rɛibʃana]
quente (testa, etc.)	karsts	[karsts]
calafrio (m)	drebuļi (v dsk)	[drɛbulʲi]
pálido	bāls	[ba:ls]
tosse (f)	klepus (v)	[klɛpus]
tossir (vi)	klepot	[klepɔt]
espirrar (vi)	šķaudīt	[ʃtʲaudi:t]
desmaio (m)	ģībonis (v)	[dʲi:bɔnis]
desmaiar (vi)	paģībt	[padʲi:bt]

nódoa (f) negra	zilums (v)	[zilums]
galo (m)	puns (v)	[puns]
magoar-se (vr)	atsisties	[atsisties]
pisadura (f)	sasitums (v)	[sasitums]
aleijar-se (vr)	sasisties	[sasisties]

coxear (vi)	klibot	[klibɔt]
deslocação (f)	izmežģījums (v)	[izmeʒdʲi:jums]
deslocar (vt)	izmežģīt	[izmeʒdʲi:t]
fratura (f)	lūzums (v)	[lu:zums]
fraturar (vt)	dabūt lūzumu	[dabu:t lu:zumu]

corte (m)	iegriezums (v)	[iɛgriɛzums]
cortar-se (vr)	sagriezties	[sagriɛztiɛs]
hemorragia (f)	asiņošana (s)	[asiɲɔʃana]

queimadura (f)	apdegums (v)	[apdɛgums]
queimar-se (vr)	apdedzināties	[apdedzina:tiɛs]

picar (vt)	sadurt	[sadurt]
picar-se (vr)	sadurties	[sadurtiɛs]
lesionar (vt)	sabojāt	[sabɔja:t]
lesão (m)	traumēšana (s)	[traume:ʃana]
ferida (f), ferimento (m)	ievainojums (v)	[iɛvainɔjums]
trauma (m)	trauma (s)	[trauma]

delirar (vi)	murgot	[murgɔt]
gaguejar (vi)	stostīties	[stɔsti:tiɛs]
insolação (f)	saules dūriens (v)	[saules du:riɛns]

70. Sintomas. Tratamentos. Parte 2

dor (f)	sāpes (s dsk)	[sa:pes]
farpa (no dedo)	skabarga (s)	[skabarga]

suor (m)	sviedri (v dsk)	[sviɛdri]
suar (vi)	svīst	[svi:st]
vómito (m)	vemšana (s)	[vemʃana]
convulsões (f pl)	krampji (v dsk)	[krampji]

grávida	grūta	[gru:ta]
nascer (vi)	piedzimt	[piɛdzimt]
parto (m)	dzemdības (s dsk)	[dzemdi:bas]
dar à luz	dzemdēt	[dzemde:t]
aborto (m)	aborts (v)	[abɔrts]

respiração (f)	elpošana (s)	[elpɔʃana]
inspiração (f)	ieelpa (s)	[iɛelpa]
expiração (f)	izelpa (s)	[izelpa]
expirar (vi)	izelpot	[izelpɔt]
inspirar (vi)	ieelpot	[iɛelpɔt]

inválido (m)	invalīds (v)	[invali:ds]
aleijado (m)	kroplis (v)	[krɔplis]

toxicodependente (m)	narkomāns (v)	[narkɔma:ns]
surdo	kurls	[kurls]
mudo	mēms	[me:ms]
surdo-mudo	kurlmēms	[kurlme:ms]

louco (adj.)	traks	[traks]
louco (m)	trakais (v)	[trakais]
louca (f)	traka (s)	[traka]
ficar louco	zaudēt prātu	[zaude:t pra:tu]

gene (m)	gēns (v)	[ge:ns]
imunidade (f)	imunitāte (s)	[imunita:te]
hereditário	mantojams	[mantɔjams]
congénito	iedzimts	[iɛdzimts]

vírus (m)	vīruss (v)	[vi:rus]
micróbio (m)	mikrobs (v)	[mikrɔbs]
bactéria (f)	baktērija (s)	[bakte:rija]
infeção (f)	infekcija (s)	[infektsija]

71. Sintomas. Tratamentos. Parte 3

hospital (m)	slimnīca (s)	[slimni:tsa]
paciente (m)	pacients (v)	[patsiɛnts]

diagnóstico (m)	diagnoze (s)	[diagnɔze]
cura (f)	ārstēšana (s)	[a:rste:ʃana]
tratamento (m) médico	ārstēšana (s)	[a:rste:ʃana]
curar-se (vr)	ārstēties	[a:rste:tiɛs]
tratar (vt)	ārstēt	[a:rste:t]
cuidar (pessoa)	apkopt	[apkɔpt]
cuidados (m pl)	apkope (s)	[apkɔpe]

operação (f)	operācija (s)	[ɔpɛra:tsija]
enfaixar (vt)	pārsiet	[pa:rsiɛt]
enfaixamento (m)	pārsiešana (s)	[pa:rsiɛʃana]

vacinação (f)	potēšana (s)	[pɔte:ʃana]
vacinar (vt)	potēt	[pɔte:t]
injeção (f)	injekcija (s)	[injektsija]
dar uma injeção	injicēt	[injitse:t]

ataque (~ de asma, etc.)	lēkme (s)	[le:kme]
amputação (f)	amputācija (s)	[amputa:tsija]
amputar (vt)	amputēt	[ampute:t]
coma (f)	koma (s)	[kɔma]
estar em coma	būt komā	[bu:t kɔma:]
reanimação (f)	reanimācija (s)	[reanima:tsija]

recuperar-se (vr)	atveseļoties	[atvɛseļɔtiɛs]
estado (~ de saúde)	stāvoklis (v)	[sta:vɔklis]
consciência (f)	apziņa (s)	[apziņa]
memória (f)	atmiņa (s)	[atmiņa]
tirar (vt)	izraut	[izraut]

| chumbo (m), obturação (f) | plomba (s) | [plɔmba] |
| chumbar, obturar (vt) | plombēt | [plɔmbe:t] |

| hipnose (f) | hipnoze (s) | [xipnɔze] |
| hipnotizar (vt) | hipnotizēt | [xipnɔtize:t] |

72. Médicos

médico (m)	ārsts (v)	[a:rsts]
enfermeira (f)	medmāsa (s)	[medma:sa]
médico (m) pessoal	personīgais ārsts (v)	[pɛrsɔni:gais a:rsts]

dentista (m)	dentists (v)	[dentists]
oculista (m)	okulists (v)	[ɔkulists]
terapeuta (m)	terapeits (v)	[tɛrapɛits]
cirurgião (m)	ķirurgs (v)	[tʲirurgs]

psiquiatra (m)	psihiatrs (v)	[psixiatrs]
pediatra (m)	pediatrs (v)	[pediatrs]
psicólogo (m)	psihologs (v)	[psixɔlɔgs]
ginecologista (m)	ginekologs (v)	[ginekɔlɔgs]
cardiologista (m)	kardiologs (v)	[kardiɔlɔgs]

73. Medicina. Drogas. Acessórios

medicamento (m)	zāles (s dsk)	[za:les]
remédio (m)	līdzeklis (v)	[li:dzeklis]
receitar (vt)	izrakstīt	[izraksti:t]
receita (f)	recepte (s)	[retsepte]

comprimido (m)	tablete (s)	[tablɛte]
pomada (f)	ziede (s)	[ziɛde]
ampola (f)	ampula (s)	[ampula]
preparado (m)	mikstūra (s)	[mikstu:ra]
xarope (m)	sīrups (v)	[si:rups]
cápsula (f)	zāļu kapsula (s)	[za:lʲu kapsula]
remédio (m) em pó	pulveris (v)	[pulveris]

ligadura (f)	saite (s)	[saite]
algodão (m)	vate (s)	[vate]
iodo (m)	jods (v)	[jɔds]

penso (m) rápido	plāksteris (v)	[pla:ksteris]
conta-gotas (m)	pipete (s)	[pipɛte]
termómetro (m)	termometrs (v)	[termɔmetrs]
seringa (f)	šļirce (s)	[ʃlʲirtse]

| cadeira (f) de rodas | ratiņkrēsls (v) | [ratiŋkre:sls] |
| muletas (f pl) | kruķi (v dsk) | [krutʲi] |

| analgésico (m) | pretsāpju līdzeklis (v) | [pretsa:pju li:dzeklis] |
| laxante (m) | caurejas līdzeklis (v) | [tsaurejas li:dzeklis] |

álcool (m) etílico	spirts (v)	[spirts]
ervas (f pl) medicinais	zāle (s)	[za:le]
de ervas (chá ~)	zāļu	[za:lʲu]

74. Fumar. Produtos tabágicos

tabaco (m)	tabaka (s)	[tabaka]
cigarro (m)	cigarete (s)	[tsigarɛte]
charuto (m)	cigārs (v)	[tsiga:rs]
cachimbo (m)	pīpe (s)	[pi:pe]
maço (~ de cigarros)	paciņa (s)	[patsiɲa]

fósforos (m pl)	sērkociņi (v dsk)	[se:rkɔtsiɲi]
caixa (f) de fósforos	sērkociņu kastīte (s)	[se:rkɔtsiɲu kasti:te]
isqueiro (m)	šķiltavas (s dsk)	[ʃtʲiltavas]
cinzeiro (m)	pelnu trauks (v)	[pelnu trauks]
cigarreira (f)	etvija (s)	[ɛtvija]

| boquilha (f) | iemutis (v) | [iɛmutis] |
| filtro (m) | filtrs (v) | [filtrs] |

fumar (vi, vt)	smēķēt	[smɛ:tʲe:t]
acender um cigarro	uzsmēķēt	[uzsmɛ:tʲe:t]
tabagismo (m)	smēķēšana (s)	[smɛ:tʲe:ʃana]
fumador (m)	smēķētājs (v)	[smɛ:tʲɛ:ta:js]

beata (f)	izsmēķis (v)	[izsme:tʲis]
fumo (m)	dūmi (v dsk)	[du:mi]
cinza (f)	pelni (v dsk)	[pelni]

HABITAT HUMANO

Cidade

75. Cidade. Vida na cidade

cidade (f)	pilsēta (s)	[pilsɛ:ta]
capital (f)	galvaspilsēta (s)	[galvaspilsɛ:ta]
aldeia (f)	ciems (v)	[tsiɛms]
mapa (m) da cidade	pilsētas plāns (v)	[pilsɛ:tas pla:ns]
centro (m) da cidade	pilsētas centrs (v)	[pilsɛ:tas tsentrs]
subúrbio (m)	piepilsēta (s)	[piɛpilsɛ:ta]
suburbano	piepilsētas	[piɛpilsɛ:tas]
periferia (f)	nomale (s)	[nɔmale]
arredores (m pl)	apkārtnes (s dsk)	[apka:rtnes]
quarteirão (m)	kvartāls (v)	[kvarta:ls]
quarteirão (m) residencial	dzīvojamais kvartāls (v)	[dzi:vɔjamais kvarta:ls]
tráfego (m)	satiksme (s)	[satiksme]
semáforo (m)	luksofors (v)	[luksɔfɔrs]
transporte (m) público	sabiedriskais transports (v)	[sabiɛdriskais transpɔrts]
cruzamento (m)	krustojums (v)	[krustɔjums]
passadeira (f)	gājēju pāreja (s)	[ga:je:ju pa:reja]
passagem (f) subterrânea	pazemes pāreja (s)	[pazɛmes pa:reja]
cruzar, atravessar (vt)	pāriet	[pa:riɛt]
peão (m)	kājāmgājējs (v)	[ka:ja:mga:je:js]
passeio (m)	trotuārs (v)	[trɔtua:rs]
ponte (f)	tilts (v)	[tilts]
margem (f) do rio	krastmala (s)	[krastmala]
fonte (f)	strūklaka (s)	[stru:klaka]
alameda (f)	gatve (s)	[gatve]
parque (m)	parks (v)	[parks]
bulevar (m)	bulvāris (v)	[bulva:ris]
praça (f)	laukums (v)	[laukums]
avenida (f)	prospekts (v)	[prɔspekts]
rua (f)	iela (s)	[iɛla]
travessa (f)	šķērsiela (s)	[ʃtʲɛ:rsiɛla]
beco (m) sem saída	strupceļš (v)	[struptselʲʃ]
casa (f)	māja (s)	[ma:ja]
edifício, prédio (m)	ēka (s)	[ɛ:ka]
arranha-céus (m)	augstceltne (s)	[augsttseltne]
fachada (f)	fasāde (s)	[fasa:de]
telhado (m)	jumts (v)	[jumts]

janela (f)	logs (v)	[lɔgs]
arco (m)	loks (v)	[lɔks]
coluna (f)	kolona (s)	[kolona]
esquina (f)	stūris (v)	[stu:ris]

montra (f)	skatlogs (v)	[skatlɔgs]
letreiro (m)	izkārtne (s)	[izka:rtne]
cartaz (m)	afiša (s)	[afiʃa]
cartaz (m) publicitário	reklāmu plakāts (v)	[rekla:mu plaka:ts]
painel (m) publicitário	reklāmu dēlis (v)	[rekla:mu de:lis]

lixo (m)	atkritumi (v dsk)	[atkritumi]
cesta (f) do lixo	atkritumu tvertne (s)	[atkritumu tvertne]
jogar lixo na rua	piegružot	[piɛgruʒot]
aterro (m) sanitário	izgāztuve (s)	[izga:ztuve]

cabine (f) telefónica	telefona būda (s)	[tɛlefona bu:da]
candeeiro (m) de rua	laterna (s)	[laterna]
banco (m)	sols (v)	[sɔls]

polícia (m)	policists (v)	[pɔlitsists]
polícia (instituição)	policija (s)	[pɔlitsija]
mendigo (m)	nabags (v)	[nabags]
sem-abrigo (m)	bezpajumtnieks (v)	[bezpajumtniɛks]

76. Instituições urbanas

loja (f)	veikals (v)	[vɛikals]
farmácia (f)	aptieka (s)	[aptiɛka]
ótica (f)	optika (s)	[ɔptika]
centro (m) comercial	tirdzniecības centrs (v)	[tirdzniɛtsi:bas tsentrs]
supermercado (m)	lielveikals (v)	[liɛlvɛikals]

padaria (f)	maiznīca (s)	[maizni:tsa]
padeiro (m)	maiznieks (v)	[maizniɛks]
pastelaria (f)	konditoreja (s)	[kɔnditoreja]
mercearia (f)	pārtikas preču veikals (v)	[pa:rtikas pretʃu vɛikals]
talho (m)	gaļas veikals (v)	[galʲas vɛikals]

loja (f) de legumes	sakņu veikals (v)	[sakɲu vɛikals]
mercado (m)	tirgus (v)	[tirgus]

café (m)	kafejnīca (s)	[kafejni:tsa]
restaurante (m)	restorāns (v)	[restɔra:ns]
bar (m), cervejaria (f)	alus krogs (v)	[alus krɔgs]
pizzaria (f)	picērija (s)	[pitse:rija]

salão (m) de cabeleireiro	frizētava (s)	[frizɛ:tava]
correios (m pl)	pasts (v)	[pasts]
lavandaria (f)	ķīmiskā tīrītava (s)	[tʲi:miska: ti:ri:tava]
estúdio (m) fotográfico	fotostudija (s)	[fotɔstudija]

sapataria (f)	apavu veikals (v)	[apavu vɛikals]
livraria (f)	grāmatnīca (s)	[gra:matni:tsa]

loja (f) de artigos de desporto	sporta preču veikals (v)	[sporta pretʃu vɛikals]
reparação (f) de roupa	apģērbu labošana (s)	[apdʲeːrbu labɔʃana]
aluguer (m) de roupa	apģērbu noma (s)	[apdʲeːrbu nɔma]
aluguer (m) de filmes	filmu noma (s)	[filmu nɔma]

circo (m)	cirks (v)	[tsirks]
jardim (m) zoológico	zoodārzs (v)	[zɔɔdaːrzs]
cinema (m)	kinoteātris (v)	[kinɔteaːtris]
museu (m)	muzejs (v)	[muzejs]
biblioteca (f)	bibliotēka (s)	[bibliɔtɛːka]

teatro (m)	teātris (v)	[teaːtris]
ópera (f)	opera (s)	[ɔpɛra]
clube (m) noturno	naktsklubs (v)	[naktsklubs]
casino (m)	kazino (v)	[kazinɔ]

mesquita (f)	mošeja (s)	[mɔʃeja]
sinagoga (f)	sinagoga (s)	[sinagɔga]
catedral (f)	katedrāle (s)	[katedraːle]
templo (m)	dievnams (v)	[diɛvnams]
igreja (f)	baznīca (s)	[bazniːtsa]

instituto (m)	institūts (v)	[instituːts]
universidade (f)	universitāte (s)	[univɛrsitaːte]
escola (f)	skola (s)	[skɔla]

prefeitura (f)	prefektūra (s)	[prefektuːra]
câmara (f) municipal	mērija (s)	[meːrija]
hotel (m)	viesnīca (s)	[viɛsniːtsa]
banco (m)	banka (s)	[banka]

embaixada (f)	vēstniecība (s)	[veːstniɛtsiːba]
agência (f) de viagens	tūrisma aģentūra (s)	[tuːrisma adʲentuːra]
agência (f) de informações	izziņu birojs (v)	[izziɲu birojs]
casa (f) de câmbio	apmaiņas punkts (v)	[apmaiɲas punkts]

metro (m)	metro (v)	[metrɔ]
hospital (m)	slimnīca (s)	[slimniːtsa]

posto (m) de gasolina	degvielas uzpildes stacija (s)	[degviɛlas uzpildes statsija]
parque (m) de estacionamento	autostāvvieta (s)	[autɔstaːvviɛta]

77. Transportes urbanos

autocarro (m)	autobuss (v)	[autɔbus]
elétrico (m)	tramvajs (v)	[tramvajs]
troleicarro (m)	trolejbuss (v)	[trɔlejbus]
itinerário (m)	maršruts (v)	[marʃruts]
número (m)	numurs (v)	[numurs]

ir de … (carro, etc.)	braukt ar …	[braukt ar …]
entrar (~ no autocarro)	iekāpt	[iɛkaːpt]
descer de …	izkāpt	[izkaːpt]

paragem (f)	pietura (s)	[piɛtura]
próxima paragem (f)	nākamā pietura (s)	[naːkama: piɛtura]
ponto (m) final	galapunkts (v)	[galapunkts]
horário (m)	saraksts (v)	[saraksts]
esperar (vt)	gaidīt	[gaidi:t]

bilhete (m)	biļete (s)	[bilʲɛte]
custo (m) do bilhete	biļetes maksa (s)	[bilʲɛtes maksa]

bilheteiro (m)	kasieris (v)	[kasiɛris]
controlo (m) dos bilhetes	kontrole (s)	[kontrɔle]
revisor (m)	kontrolieris (v)	[kontrɔliɛris]

atrasar-se (vr)	nokavēties	[nɔkave:tiɛs]
perder (o autocarro, etc.)	nokavēt ...	[nɔkave:t ...]
estar com pressa	steigties	[stɛigtiɛs]

táxi (m)	taksometrs (v)	[taksɔmetrs]
taxista (m)	taksists (v)	[taksists]
de táxi (ir ~)	ar taksometru	[ar taksɔmetru]
praça (f) de táxis	taksometru stāvvieta (s)	[taksɔmetru sta:vviɛta]
chamar um táxi	izsaukt taksometru	[izsaukt taksɔmetru]
apanhar um táxi	nolīgt taksometru	[nɔli:gt taksɔmetru]

tráfego (m)	satiksme (s)	[satiksme]
engarrafamento (m)	sastrēgums (v)	[sastrɛ:gums]
horas (f pl) de ponta	maksimālās slodzes laiks (v)	[maksima:la:s slɔdzes laiks]
estacionar (vi)	novietot auto	[nɔviɛtot autɔ]
estacionar (vt)	novietot auto	[nɔviɛtot autɔ]
parque (m) de estacionamento	autostāvvieta (s)	[autɔsta:vviɛta]

metro (m)	metro (v)	[metrɔ]
estação (f)	stacija (s)	[statsija]
ir de metro	braukt ar metro	[braukt ar metrɔ]
comboio (m)	vilciens (v)	[viltsiɛns]
estação (f)	dzelzceļa stacija (s)	[dzelztsɛlʲa statsija]

78. Turismo

monumento (m)	piemineklis (v)	[piɛmineklis]
fortaleza (f)	cietoksnis (v)	[tsiɛtɔksnis]
palácio (m)	pils (s)	[pils]
castelo (m)	pils (s)	[pils]
torre (f)	tornis (v)	[tɔrnis]
mausoléu (m)	mauzolejs (v)	[mauzɔlejs]

arquitetura (f)	arhitektūra (s)	[arxitektu:ra]
medieval	viduslaiku	[viduslaiku]
antigo	senlaiku	[senlaiku]
nacional	nacionāls	[natsiɔna:ls]
conhecido	slavens	[slavens]
turista (m)	tūrists (v)	[tu:rists]
guia (pessoa)	gids (v)	[gids]

excursão (f)	ekskursija (s)	[ekskursija]
mostrar (vt)	parādīt	[para:di:t]
contar (vt)	stāstīt	[sta:sti:t]

encontrar (vt)	atrast	[atrast]
perder-se (vr)	nomaldīties	[nɔmaldi:tiɛs]
mapa (~ do metrô)	shēma (s)	[sxɛ:ma]
mapa (~ da cidade)	plāns (v)	[pla:ns]

lembrança (f), presente (m)	suvenīrs (v)	[suveni:rs]
loja (f) de presentes	suvenīru veikals (v)	[suveni:ru vɛikals]
fotografar (vt)	fotografēt	[fɔtɔgrafe:t]
fotografar-se	fotografēties	[fɔtɔgrafe:tiɛs]

79. Compras

comprar (vt)	pirkt	[pirkt]
compra (f)	pirkums (v)	[pirkums]
fazer compras	iepirkties	[iɛpirktiɛs]
compras (f pl)	iepirkšanās (s)	[iɛpirkʃana:s]

estar aberta (loja, etc.)	strādāt	[stra:da:t]
estar fechada	slēgties	[sle:gtiɛs]

calçado (m)	apavi (v dsk)	[apavi]
roupa (f)	apģērbs (v)	[apdⁱe:rbs]
cosméticos (m pl)	kosmētika (s)	[kɔsme:tika]
alimentos (m pl)	pārtikas produkti (v dsk)	[pa:rtikas prɔdukti]
presente (m)	dāvana (s)	[da:vana]

vendedor (m)	pārdevējs (v)	[pa:rdɛve:js]
vendedora (f)	pārdevēja (s)	[pa:rdɛve:ja]

caixa (f)	kase (s)	[kase]
espelho (m)	spogulis (v)	[spɔgulis]
balcão (m)	lete (s)	[lɛte]
cabine (f) de provas	pielaikošanas kabīne (s)	[piɛlaikɔʃanas kabi:ne]

provar (vt)	pielaikot	[piɛlaikɔt]
servir (vi)	derēt	[dɛre:t]
gostar (apreciar)	patikt	[patikt]

preço (m)	cena (s)	[tsɛna]
etiqueta (f) de preço	cenas zīme (s)	[tsɛnas zi:me]
custar (vt)	maksāt	[maksa:t]
Quanto?	Cik?	[tsik?]
desconto (m)	atlaide (s)	[atlaide]

não caro	ne visai dārgs	[ne visai da:rgs]
barato	lēts	[le:ts]
caro	dārgs	[da:rgs]
É caro	Tas ir dārgi	[tas ir da:rgi]
aluguer (m)	noma (s)	[nɔma]
alugar (vestidos, etc.)	paņemt nomā	[paɲemt nɔma:]

| crédito (m) | kredīts (v) | [kredi:ts] |
| a crédito | uz kredīta | [uz kredi:ta] |

80. Dinheiro

dinheiro (m)	nauda (s)	[nauda]
câmbio (m)	maiņa (s)	[maiɲa]
taxa (f) de câmbio	kurss (v)	[kurs]
Caixa Multibanco (m)	bankomāts (v)	[bankɔma:ts]
moeda (f)	monēta (s)	[mɔnɛ:ta]

| dólar (m) | dolārs (v) | [dɔla:rs] |
| euro (m) | eiro (v) | [ɛirɔ] |

lira (f)	lira (s)	[lira]
marco (m)	marka (s)	[marka]
franco (m)	franks (v)	[franks]
libra (f) esterlina	sterliņu mārciņa (s)	[sterliɲu ma:rtsiɲa]
iene (m)	jena (s)	[jena]

dívida (f)	parāds (v)	[para:ds]
devedor (m)	parādnieks (v)	[para:dnɛks]
emprestar (vt)	aizdot	[aizdɔt]
pedir emprestado	aizņemties	[aizɲemtiɛs]

banco (m)	banka (s)	[banka]
conta (f)	konts (v)	[kɔnts]
depositar (vt)	noguldīt	[nɔguldi:t]
depositar na conta	noguldīt kontā	[nɔguldi:t kɔnta:]
levantar (vt)	izņemt no konta	[izɲemt nɔ kɔnta]

cartão (m) de crédito	kredītkarte (s)	[kredi:tkarte]
dinheiro (m) vivo	skaidra nauda (v)	[skaidra nauda]
cheque (m)	čeks (v)	[tʃeks]
passar um cheque	izrakstīt čeku	[izraksti:t tʃɛku]
livro (m) de cheques	čeku grāmatiņa (s)	[tʃɛku gra:matiɲa]

carteira (f)	maks (v)	[maks]
porta-moedas (m)	maks (v)	[maks]
cofre (m)	seifs (v)	[sɛifs]

herdeiro (m)	mantinieks (v)	[mantiniɛks]
herança (f)	mantojums (v)	[mantɔjums]
fortuna (riqueza)	mantība (s)	[manti:ba]

arrendamento (m)	rentēšana (s)	[rente:ʃana]
renda (f) de casa	īres maksa (s)	[i:res maksa]
alugar (vt)	īrēt	[i:re:t]

preço (m)	cena (s)	[tsɛna]
custo (m)	vērtība (s)	[ve:rti:ba]
soma (f)	summa (s)	[summa]
gastar (vt)	tērēt	[tɛ:re:t]
gastos (m pl)	izdevumi (v dsk)	[izdɛvumi]

| economizar (vi) | taupīt | [taupi:t] |
| económico | taupīgs | [taupi:gs] |

pagar (vt)	maksāt	[maksa:t]
pagamento (m)	samaksa (s)	[samaksa]
troco (m)	atlikums (v)	[atlikums]

imposto (m)	nodoklis (v)	[nɔdɔklis]
multa (f)	sods (v)	[sɔds]
multar (vt)	uzlikt naudas sodu	[uzlikt naudas sɔdu]

81. Correios. Serviço postal

correios (m pl)	pasts (v)	[pasts]
correio (m)	pasts (v)	[pasts]
carteiro (m)	pastnieks (v)	[pastniɛks]
horário (m)	darba laiks (v)	[darba laiks]

carta (f)	vēstule (s)	[ve:stule]
carta (f) registada	ierakstīta vēstule (s)	[iɛraksti:ta ve:stule]
postal (m)	pastkarte (s)	[pastkarte]
telegrama (m)	telegramma (s)	[tɛlegramma]
encomenda (f) postal	sūtījums (v)	[su:ti:jums]
remessa (f) de dinheiro	naudas pārvedums (v)	[naudas pa:rvɛdums]

receber (vt)	saņemt	[saɲemt]
enviar (vt)	nosūtīt	[nɔsu:ti:t]
envio (m)	aizsūtīšana (s)	[aizsu:ti:ʃana]

endereço (m)	adrese (s)	[adrɛse]
código (m) postal	indekss (v)	[indeks]
remetente (m)	sūtītājs (v)	[su:ti:ta:js]
destinatário (m)	saņēmējs (v)	[saɲɛ:me:js]

| nome (m) | vārds (v) | [va:rds] |
| apelido (m) | uzvārds (v) | [uzva:rds] |

tarifa (f)	tarifs (v)	[tarifs]
ordinário	parasts	[parasts]
económico	ekonomisks	[ekɔnɔmisks]

peso (m)	svars (v)	[svars]
pesar (estabelecer o peso)	svērt	[sve:rt]
envelope (m)	aploksne (s)	[aplɔksne]
selo (m)	marka (s)	[marka]
colar o selo	uzlīmēt marku	[uzli:me:t marku]

Moradia. Casa. Lar

82. Casa. Habitação

casa (f)	māja (s)	[ma:ja]
em casa	mājās	[ma:ja:s]
pátio (m)	sēta (s)	[sɛ:ta]
cerca (f)	žogs (v)	[ʒɔgs]

tijolo (m)	ķieģelis (v)	[tʲiɛdʲelis]
de tijolos	ķieģeļu	[tʲiɛdʲɛlʲu]
pedra (f)	akmens (v)	[akmens]
de pedra	akmeņu	[akmɛɲu]
betão (m)	betons (v)	[betɔns]
de betão	betona	[betɔna]

novo	jauns	[jauns]
velho	vecs	[vets]
decrépito	vecs	[vets]
moderno	moderns	[mɔderns]
de muitos andares	daudzstāvu	[daudzsta:vu]
alto	augsts	[augsts]

| andar (m) | stāvs (v) | [sta:vs] |
| de um andar | vienstāva | [viɛnsta:va] |

| andar (m) de baixo | apakšstāvs (v) | [apakʃsta:vs] |
| andar (m) de cima | augšstāvs (v) | [augʃsta:vs] |

| telhado (m) | jumts (v) | [jumts] |
| chaminé (f) | skurstenis (v) | [skurstenis] |

telha (f)	dakstiņi (v dsk)	[dakstiɲi]
de telha	dakstiņu	[dakstiɲu]
sótão (m)	bēniņi (v dsk)	[be:niɲi]

| janela (f) | logs (v) | [lɔgs] |
| vidro (m) | stikls (v) | [stikls] |

| parapeito (m) | palodze (s) | [palɔdze] |
| portadas (f pl) | slēģi (v dsk) | [sle:dʲi] |

parede (f)	siena (s)	[siɛna]
varanda (f)	balkons (v)	[balkɔns]
tubo (m) de queda	notekcaurule (s)	[nɔtektsaurule]

em cima	augšā	[augʃa:]
subir (~ as escadas)	kāpt augšup	[ka:pt augʃup]
descer (vi)	nokāpt	[nɔka:pt]
mudar-se (vr)	pārcelties	[pa:rtseltiɛs]

83. Casa. Entrada. Elevador

entrada (f)	ieeja (s)	[iɛeja]
escada (f)	kāpnes (s dsk)	[ka:pnes]
degraus (m pl)	pakāpieni (v dsk)	[paka:piɛni]
corrimão (m)	margas (s dsk)	[margas]
hall (m) de entrada	halle (s)	[xalle]

caixa (f) de correio	pastkastīte (s)	[pastkasti:te]
caixote (m) do lixo	atkritumu tvertne (s)	[atkritumu tvertne]
conduta (f) do lixo	atkritumvads (v)	[atkritumvads]

elevador (m)	lifts (v)	[lifts]
elevador (m) de carga	kravas lifts (v)	[kravas lifts]
cabine (f)	kabīne (s)	[kabi:ne]
pegar o elevador	braukt ar liftu	[braukt ar liftu]

apartamento (m)	dzīvoklis (v)	[dzi:vɔklis]
moradores (m pl)	mājas iedzīvotāji (v dsk)	[ma:jas iɛdzi:vɔta:ji]
vizinho (m)	kaimiņš (v)	[kaimiɲʃ]
vizinha (f)	kaimiņiene (s)	[kaimiɲiɛne]
vizinhos (pl)	kaimiņi (v dsk)	[kaimiɲi]

84. Casa. Portas. Fechaduras

porta (f)	durvis (s dsk)	[durvis]
portão (m)	vārti (v dsk)	[va:rti]
maçaneta (f)	rokturis (v)	[rɔkturis]
destrancar (vt)	attaisīt	[attaisi:t]
abrir (vt)	atvērt	[atve:rt]
fechar (vt)	aizvērt	[aizve:rt]

chave (f)	atslēga (s)	[atslɛ:ga]
molho (m)	saišķis (v)	[saiʃtʲis]
ranger (vi)	čirkstēt	[tʃirkste:t]
rangido (m)	čirkstoņa (s)	[tʃirkstɔɲa]
dobradiça (f)	eņģe (s)	[eɲdʲe]
tapete (m) de entrada	paklājiņš (v)	[pakla:jiɲʃ]

fechadura (f)	slēdzis (v)	[sle:dzis]
buraco (m) da fechadura	atslēgas caurums (v)	[atslɛ:gas tsaurums]
ferrolho (m)	aizšaujamais (v)	[aizʃaujamais]
fecho (ferrolho pequeno)	aizbīdnis (v)	[aizbi:dnis]
cadeado (m)	piekaramā slēdzene (s)	[piɛkarama: sle:dzɛne]

tocar (vt)	zvanīt	[zvani:t]
toque (m)	zvans (v)	[zvans]
campainha (f)	zvans (v)	[zvans]
botão (m)	poga (s)	[pɔga]
batida (f)	klaudziens (v)	[klaudziɛns]
bater (vi)	klauvēt	[klauve:t]
código (m)	kods (v)	[kɔds]
fechadura (f) de código	kodu slēdzene (s)	[kɔdu sle:dzɛne]

telefone (m) de porta	namrunis (v)	[namrunis]
número (m)	numurs (v)	[numurs]
placa (f) de porta	tabuliņa (s)	[tabuliņa]
vigia (f), olho (m) mágico	actiņa (s)	[atstiņa]

85. Casa de campo

aldeia (f)	ciems (v)	[tsiɛms]
horta (f)	sakņu dārzs (v)	[sakņu da:rzs]
cerca (f)	žogs (v)	[ʒɔgs]
paliçada (f)	sēta (s)	[sɛ:ta]
cancela (f) do jardim	vārtiņi (v dsk)	[va:rtiņi]
celeiro (m)	klēts (v)	[kle:ts]
adega (f)	pagrabs (v)	[pagrabs]
galpão, barracão (m)	šķūnis (v)	[ʃtʲu:nis]
poço (m)	aka (s)	[aka]
fogão (m)	krāsns (v)	[kra:sns]
atiçar o fogo	kurināt	[kurina:t]
lenha (carvão ou ~)	malka (s, v)	[malka]
acha (lenha)	pagale (s)	[pagale]
varanda (f)	veranda (s)	[vɛranda]
alpendre (m)	terase (s)	[tɛrase]
degraus (m pl) de entrada	lievenis (v)	[liɛvenis]
balouço (m)	šūpoles (s dsk)	[ʃu:pɔles]

86. Castelo. Palácio

castelo (m)	pils (s)	[pils]
palácio (m)	pils (s)	[pils]
fortaleza (f)	cietoksnis (v)	[tsiɛtɔksnis]
muralha (f)	cietokšņa mūris (v)	[tsiɛtɔkʃņa mu:ris]
torre (f)	tornis (v)	[tɔrnis]
calabouço (m)	galvenais tornis (v)	[galvɛnais tɔrnis]
grade (f) levadiça	nolaižamie vārti (v dsk)	[nɔlaiʒamiɛ va:rti]
passagem (f) subterrânea	pazemes eja (s)	[pazɛmes eja]
fosso (m)	grāvis (v)	[gra:vis]
corrente, cadeia (f)	ķēde (s)	[tʲɛ:de]
seteira (f)	šaujamlūka (s)	[ʃaujamlu:ka]
magnífico	lielisks	[liɛlisks]
majestoso	dižens	[diʒens]
inexpugnável	neaizsniedzams	[neaizsniɛdzams]
medieval	viduslaiku	[viduslaiku]

87. Apartamento

apartamento (m)	dzīvoklis (v)	[dzi:vɔklis]
quarto (m)	istaba (s)	[istaba]
quarto (m) de dormir	guļamistaba (s)	[gulʲamistaba]
sala (f) de jantar	ēdamistaba (s)	[ɛ:damistaba]
sala (f) de estar	viesistaba (s)	[viɛsistaba]
escritório (m)	kabinets (v)	[kabinets]

antessala (f)	priekštelpa (s)	[priɛkʃtelpa]
quarto (m) de banho	vannas istaba (s)	[vannas istaba]
toilette (lavabo)	tualete (s)	[tualɛte]

teto (m)	griesti (v dsk)	[griɛsti]
chão, soalho (m)	grīda (s)	[gri:da]
canto (m)	kakts (v)	[kakts]

88. Apartamento. Limpeza

arrumar, limpar (vt)	uzkopt	[uzkɔpt]
guardar (no armário, etc.)	aizvākt	[aizva:kt]
pó (m)	putekļi (v dsk)	[puteklʲi]
empoeirado	putekļains	[puteklʲains]
limpar o pó	slaucīt putekļus	[slautsi:t puteklʲus]
aspirador (m)	putekļu sūcējs (v)	[puteklʲu su:tse:js]
aspirar (vt)	sūkt putekļus	[su:kt puteklʲus]

varrer (vt)	slaucīt	[slautsi:t]
sujeira (f)	saslaukas (s dsk)	[saslaukas]
arrumação (f), ordem (f)	kārtība (s)	[ka:rti:ba]
desordem (f)	nekārtība (s)	[nɛka:rti:ba]

esfregão (m)	birste (s)	[birste]
pano (m), trapo (m)	lupata (s)	[lupata]
vassoura (f)	slota (s)	[slɔta]
pá (f) de lixo	liekšķere (s)	[liɛkʃtʲɛre]

89. Mobiliário. Interior

mobiliário (m)	mēbeles (s dsk)	[me:bɛles]
mesa (f)	galds (v)	[galds]
cadeira (f)	krēsls (v)	[kre:sls]
cama (f)	gulta (s)	[gulta]
divã (m)	dīvāns (v)	[di:va:ns]
cadeirão (m)	atpūtas krēsls (v)	[atpu:tas kre:sls]

estante (f)	grāmatplaukts (v)	[gra:matplaukts]
prateleira (f)	plaukts (v)	[plaukts]

guarda-vestidos (m)	drēbju skapis (v)	[dre:bju skapis]
cabide (m) de parede	pakaramais (v)	[pakaramais]

cabide (m) de pé	stāvpakaramais (v)	[sta:vpakaramais]
cómoda (f)	kumode (s)	[kumɔde]
mesinha (f) de centro	žurnālu galdiņš (v)	[ʒurna:lu galdiɲʃ]

espelho (m)	spogulis (v)	[spɔgulis]
tapete (m)	paklājs (v)	[pakla:js]
tapete (m) pequeno	paklājiņš (v)	[pakla:jiɲʃ]

lareira (f)	kamīns (v)	[kami:ns]
vela (f)	svece (s)	[svetse]
castiçal (m)	svečturis (v)	[svetʃturis]

cortinas (f pl)	aizkari (v dsk)	[aizkari]
papel (m) de parede	tapetes (s dsk)	[tapɛtes]
estores (f pl)	žalūzijas (s dsk)	[ʒalu:zijas]

candeeiro (m) de mesa	galda lampa (s)	[galda lampa]
candeeiro (m) de parede	gaismeklis (v)	[gaismeklis]
candeeiro (m) de pé	stāvlampa (s)	[sta:vlampa]
lustre (m)	lustra (s)	[lustra]

pé (de mesa, etc.)	kāja (s)	[ka:ja]
braço (m)	elkoņa balsts (v)	[elkɔɲa balsts]
costas (f pl)	atzveltne (s)	[atzveltne]
gaveta (f)	atvilktne (s)	[atvilktne]

90. Quarto de dormir

roupa (f) de cama	gultas veļa (s)	[gultas vɛlʲa]
almofada (f)	spilvens (v)	[spilvens]
fronha (f)	spilvendrāna (s)	[spilvendra:na]
cobertor (m)	sega (s)	[sɛga]
lençol (m)	palags (v)	[palags]
colcha (f)	pārsegs (v)	[pa:rsegs]

91. Cozinha

cozinha (f)	virtuve (s)	[virtuve]
gás (m)	gāze (s)	[ga:ze]
fogão (m) a gás	gāzes plīts (v)	[ga:zes pli:ts]
fogão (m) elétrico	elektriskā plīts (v)	[ɛlektriska: pli:ts]
forno (m)	cepeškrāsns (v)	[tsɛpeʃkra:sns]
forno (m) de micro-ondas	mikroviļņu krāsns (v)	[mikrɔvilʲɲu kra:sns]

frigorífico (m)	ledusskapis (v)	[lɛduskapis]
congelador (m)	saldētava (s)	[saldɛ:tava]
máquina (f) de lavar louça	trauku mazgājamā mašīna (s)	[trauku mazga:jama: maʃi:na]

moedor (m) de carne	gaļas mašīna (s)	[galʲas maʃi:na]
espremedor (m)	sulu spiede (s)	[sulu spiɛde]
torradeira (f)	tosters (v)	[tɔstɛrs]

batedeira (f)	mikseris (v)	[mikseris]
máquina (f) de café	kafijas aparāts (v)	[kafijas apara:ts]
cafeteira (f)	kafijas kanna (s)	[kafijas kanna]
moinho (m) de café	kafijas dzirnaviņas (s)	[kafijas dzirnaviŋas]

chaleira (f)	tējkanna (s)	[te:jkanna]
bule (m)	tējkanna (s)	[te:jkanna]
tampa (f)	vāciņš (v)	[va:tsiŋʃ]
coador (m) de chá	sietiņš (v)	[siɛtiŋʃ]

colher (f)	karote (s)	[karɔte]
colher (f) de chá	tējkarote (s)	[te:jkarɔte]
colher (f) de sopa	ēdamkarote (s)	[ɛ:damkarɔte]
garfo (m)	dakša (s)	[dakʃa]
faca (f)	nazis (v)	[nazis]

louça (f)	galda piederumi (v dsk)	[galda piɛdɛrumi]
prato (m)	šķīvis (v)	[ʃťi:vis]
pires (m)	apakštase (s)	[apakʃtase]

cálice (m)	glāzīte (s)	[gla:zi:te]
copo (m)	glāze (s)	[gla:ze]
chávena (f)	tase (s)	[tase]

açucareiro (m)	cukurtrauks (v)	[tsukurtrauks]
saleiro (m)	sālstrauks (v)	[sa:lstrauks]
pimenteiro (m)	piparu trauciņš (v)	[piparu trautsiŋʃ]
manteigueira (f)	sviesta trauks (v)	[sviɛsta trauks]

panela, caçarola (f)	kastrolis (v)	[kastrɔlis]
frigideira (f)	panna (s)	[panna]
concha (f)	smeļamkarote (s)	[smɛlʲamkarɔte]
passador (m)	caurduris (v)	[tsaurduris]
bandeja (f)	paplāte (s)	[papla:te]

garrafa (f)	pudele (s)	[pudɛle]
boião (m) de vidro	burka (s)	[burka]
lata (f)	bundža (s)	[bundʒa]

abre-garrafas (m)	atvere (s)	[atvɛre]
abre-latas (m)	atvere (s)	[atvɛre]
saca-rolhas (m)	korķviļķis (v)	[kortʲvilʲťis]
filtro (m)	filtrs (v)	[filtrs]
filtrar (vt)	filtrēt	[filtre:t]

| lixo (m) | atkritumi (v dsk) | [atkritumi] |
| balde (m) do lixo | atkritumu tvertne (s) | [atkritumu tvertne] |

92. Casa de banho

quarto (m) de banho	vannas istaba (s)	[vannas istaba]
água (f)	ūdens (v)	[u:dens]
torneira (f)	krāns (v)	[kra:ns]
água (f) quente	karsts ūdens (v)	[karsts u:dens]

água (f) fria	auksts ūdens (v)	[auksts u:dens]
pasta (f) de dentes	zobu pasta (s)	[zɔbu pasta]
escovar os dentes	tīrīt zobus	[ti:ri:t zɔbus]
escova (f) de dentes	zobu birste (s)	[zɔbu birste]

barbear-se (vr)	skūties	[sku:tiɛs]
espuma (f) de barbear	skūšanās putas (s)	[sku:ʃana:s putas]
máquina (f) de barbear	skuveklis (v)	[skuveklis]

lavar (vt)	mazgāt	[mazga:t]
lavar-se (vr)	mazgāties	[mazga:tiɛs]
duche (m)	duša (s)	[duʃa]
tomar um duche	iet dušā	[iɛt duʃa:]

banheira (f)	vanna (s)	[vanna]
sanita (f)	klozetpods (v)	[klɔzetpɔds]
lavatório (m)	izlietne (s)	[izliɛtne]

| sabonete (m) | ziepes (s dsk) | [ziɛpes] |
| saboneteira (f) | ziepju trauks (v) | [ziɛpju trauks] |

esponja (f)	sūklis (v)	[su:klis]
champô (m)	šampūns (v)	[ʃampu:ns]
toalha (f)	dvielis (v)	[dviɛlis]
roupão (m) de banho	halāts (v)	[xala:ts]

| lavagem (f) | veļas mazgāšana (s) | [vɛlʲas mazga:ʃana] |
| máquina (f) de lavar | veļas mazgājamā mašīna (s) | [vɛlʲas mazga:jama: maʃi:na] |

| lavar a roupa | mazgāt veļu | [mazga:t vɛlʲu] |
| detergente (m) | veļas pulveris (v) | [vɛlʲas pulveris] |

93. Eletrodomésticos

televisor (m)	televizors (v)	[tɛlevizɔrs]
gravador (m)	magnetofons (v)	[magnetɔfɔns]
videogravador (m)	videomagnetofons (v)	[videɔmagnetɔfɔns]
rádio (m)	radio uztvērējs (v)	[radiɔ uztvɛ:re:js]
leitor (m)	atskaņotājs (v)	[atskaɲota:js]

projetor (m)	video projektors (v)	[videɔ prɔjektɔrs]
cinema (m) em casa	mājas kinoteātris (v)	[ma:jas kinɔtea:tris]
leitor (m) de DVD	DVD atskaņotājs (v)	[dvd atskaɲota:js]
amplificador (m)	pastiprinātājs (v)	[pastiprina:ta:js]
console (f) de jogos	spēļu konsole (s)	[spɛ:lʲu kɔnsɔle]

câmara (f) de vídeo	videokamera (s)	[videɔkamɛra]
máquina (f) fotográfica	fotoaparāts (v)	[fotɔapara:ts]
câmara (f) digital	digitālais fotoaparāts (v)	[digita:lais fotɔapara:ts]

aspirador (m)	putekļu sūcējs (v)	[puteklʲu su:tse:js]
ferro (m) de engomar	gludeklis (v)	[gludeklis]
tábua (f) de engomar	gludināmais dēlis (v)	[gludina:mais de:lis]
telefone (m)	tālrunis (v)	[ta:lrunis]

telemóvel (m)	mobilais tālrunis (v)	[mɔbilais taːlrunis]
máquina (f) de escrever	rakstāmmašīna (s)	[raksta:mmaʃi:na]
máquina (f) de costura	šujmašīna (s)	[ʃujmaʃi:na]

microfone (m)	mikrofons (v)	[mikrɔfɔns]
auscultadores (m pl)	austiņas (s dsk)	[austiɲas]
controlo remoto (m)	pults (v)	[pults]

CD (m)	kompaktdisks (v)	[kɔmpaktdisks]
cassete (f)	kasete (s)	[kasɛte]
disco (m) de vinil	plate (s)	[plate]

94. Reparações. Renovação

renovação (f)	remonts (v)	[remɔnts]
renovar (vt), fazer obras	renovēt	[renɔveːt]
reparar (vt)	remontēt	[remɔnteːt]
consertar (vt)	sakārtot	[sakaːrtɔt]
refazer (vt)	pārtaisīt	[paːrtaisiːt]

tinta (f)	krāsa (s)	[kraːsa]
pintar (vt)	krāsot	[kraːsɔt]
pintor (m)	krāsotājs (v)	[kraːsɔtaːjs]
pincel (m)	ota (s)	[ɔta]

cal (f)	krīts (v)	[kriːts]
caiar (vt)	balināt	[balinaːt]

papel (m) de parede	tapetes (s dsk)	[tapɛtes]
colocar papel de parede	izlīmēt tapetes	[izliːmeːt tapɛtes]
verniz (m)	laka (s)	[laka]
envernizar (vt)	nolakot	[nɔlakɔt]

95. Canalizações

água (f)	ūdens (v)	[uːdens]
água (f) quente	karsts ūdens (v)	[karsts uːdens]
água (f) fria	auksts ūdens (v)	[auksts uːdens]
torneira (f)	krāns (v)	[kraːns]

gota (f)	piliens (v)	[piliɛns]
gotejar (vi)	pilēt	[pileːt]
vazar (vt)	tecēt	[tetseːt]
vazamento (m)	sūce (s)	[suːtse]
poça (f)	peļķe (s)	[pelʲtʲe]

tubo (m)	caurule (s)	[tsaurule]
válvula (f)	ventilis (v)	[ventilis]
entupir-se (vr)	aizsērēt	[aizsɛːreːt]

ferramentas (f pl)	instrumenti (v dsk)	[instrumenti]
chave (f) inglesa	bīdatslēga (s)	[biːdatslɛːga]

| desenroscar (vt) | atgriezt | [atgriɛzt] |
| enroscar (vt) | aizgriezt | [aizgriɛzt] |

desentupir (vt)	izslaucīt	[izslautsi:t]
canalizador (m)	santehniķis (v)	[santexnitʲis]
cave (f)	pagrabs (v)	[pagrabs]
sistema (m) de esgotos	kanalizācija (s)	[kanaliza:tsija]

96. Fogo. Deflagração

incêndio (m)	uguns (v)	[uguns]
chama (f)	liesma (s)	[liɛsma]
faísca (f)	dzirkstele (s)	[dzirkstɛle]
fumo (m)	dūmi (v dsk)	[du:mi]
tocha (f)	lāpa (s)	[la:pa]
fogueira (f)	ugunskurs (v)	[ugunskurs]

gasolina (f)	benzīns (v)	[benzi:ns]
querosene (m)	petroleja (s)	[petrɔleja]
inflamável	degošs	[degoʃs]
explosivo	eksplozīvs	[eksplɔzi:vs]
PROIBIDO FUMAR!	SMĒĶĒT AIZLIEGTS!	[smɛ:tʲe:t aizliɛgts!]

segurança (f)	drošība (s)	[drɔʃi:ba]
perigo (m)	bīstams (v)	[bi:stams]
perigoso	bīstams	[bi:stams]

incendiar-se (vr)	iedegties	[iɛdegtiɛs]
explosão (f)	sprādziens (v)	[spra:dziɛns]
incendiar (vt)	aizdedzināt	[aizdedzina:t]
incendiário (m)	dedzinātājs (v)	[dedzina:ta:js]
incêndio (m) criminoso	dedzināšana (s)	[dedzina:ʃana]

arder (vi)	liesmot	[liɛsmɔt]
queimar (vi)	degt	[degt]
queimar tudo (vi)	nodegt	[nɔdegt]

chamar os bombeiros	izsaukt ugunsdzēsējus	[izsaukt ugunsdzɛ:se:jus]
bombeiro (m)	ugunsdzēsējs (v)	[ugunsdzɛ:se:js]
carro (m) de bombeiros	ugunsdzēsēju mašīna (s)	[ugunsdzɛ:se:ju maʃi:na]
corpo (m) de bombeiros	ugunsdzēsēju komanda (s)	[ugunsdzɛ:se:ju kɔmanda]
escada (f) extensível	ugunsdzēsēju kāpnes (s dsk)	[ugunsdzɛ:se:ju ka:pnes]

mangueira (f)	šļūtene (s)	[ʃlʲu:tɛne]
extintor (m)	ugunsdzēšamais aparāts (v)	[ugunsdze:ʃamais apara:ts]
capacete (m)	ķivere (s)	[tʲivɛre]
sirene (f)	sirēna (s)	[sirɛ:na]

gritar (vi)	kliegt	[kliɛgt]
chamar por socorro	saukt palīgā	[saukt pali:ga:]
salvador (m)	glābējs (v)	[gla:be:js]
salvar, resgatar (vt)	glābt	[gla:bt]
chegar (vi)	atbraukt	[atbraukt]

apagar (vt)	dzēst	[dze:st]
água (f)	ūdens (v)	[u:dens]
areia (f)	smiltis (s dsk)	[smiltis]

ruínas (f pl)	drupas (s dsk)	[drupas]
ruir (vi)	sabrukt	[sabrukt]
desmoronar (vi)	sabrukt	[sabrukt]
desabar (vi)	sagāzties	[saga:ztiɛs]

| fragmento (m) | atlūza (s) | [atlu:za] |
| cinza (f) | pelni (v dsk) | [pelni] |

| sufocar (vi) | nosmakt | [nɔsmakt] |
| perecer (vi) | nomirt | [nɔmirt] |

ATIVIDADES HUMANAS

Emprego. Negócios. Parte 1

97. Banca

| banco (m) | banka (s) | [banka] |
| sucursal, balcão (f) | nodaļa (s) | [nɔdalʲa] |

| consultor (m) | konsultants (v) | [kɔnsultants] |
| gerente (m) | pārvaldnieks (v) | [paːrvaldniɛks] |

conta (f)	konts (v)	[kɔnts]
número (m) da conta	konta numurs (v)	[kɔnta numurs]
conta (f) corrente	tekošais konts (v)	[tekɔʃais kɔnts]
conta (f) poupança	iekrājumu konts (v)	[iɛkraːjumu kɔnts]

abrir uma conta	atvērt kontu	[atveːrt kɔntu]
fechar uma conta	aizvērt kontu	[aizveːrt kɔntu]
depositar na conta	nolikt kontā	[nɔlikt kɔnta:]
levantar (vt)	izņemt no konta	[izɲemt nɔ kɔnta]

depósito (m)	ieguldījums (v)	[iɛguldiːjums]
fazer um depósito	veikt ieguldījumu	[vɛikt iɛguldiːjumu]
transferência (f) bancária	pārskaitījums (v)	[paːrskaitiːjums]
transferir (vt)	pārskaitīt	[paːrskaitiːt]

| soma (f) | summa (s) | [summa] |
| Quanto? | Cik? | [tsik?] |

| assinatura (f) | paraksts (v) | [paraksts] |
| assinar (vt) | parakstīt | [paraksti:t] |

| cartão (m) de crédito | kredītkarte (s) | [krediːtkarte] |
| código (m) | kods (v) | [kɔds] |

| número (m) do cartão de crédito | kredītkartes numurs (v) | [krediːtkartes numurs] |
| Caixa Multibanco (m) | bankomāts (v) | [bankɔma:ts] |

cheque (m)	čeks (v)	[tʃeks]
passar um cheque	izrakstīt čeku	[izraksti:t tʃɛku]
livro (m) de cheques	čeku grāmatiņa (s)	[tʃɛku gra:matiɲa]

empréstimo (m)	kredīts (v)	[krediːts]
pedir um empréstimo	griezties pēc kredīta	[griɛzties pe:ts krediːta]
obter um empréstimo	ņemt kredītu	[ɲemt krediːtu]
conceder um empréstimo	dot kredītu	[dɔt krediːtu]
garantia (f)	garantija (s)	[garantija]

98. Telefone. Conversação telefónica

telefone (m)	tālrunis (v)	[ta:lrunis]
telemóvel (m)	mobilais tālrunis (v)	[mɔbilais ta:lrunis]
secretária (f) electrónica	autoatbildētājs (v)	[autɔatbildɛ:ta:js]
fazer uma chamada	zvanīt	[zvani:t]
chamada (f)	zvans (v)	[zvans]
marcar um número	uzgriezt telefona numuru	[uzgriɛzt tɛlefɔna numuru]
Alô!	Hallo!	[xallɔ!]
perguntar (vt)	pajautāt	[pajauta:t]
responder (vt)	atbildēt	[atbilde:t]
ouvir (vt)	dzirdēt	[dzirde:t]
bem	labi	[labi]
mal	slikti	[slikti]
ruído (m)	traucējumi (v dsk)	[trautse:jumi]
auscultador (m)	klausule (s)	[klausule]
pegar o telefone	noņemt klausuli	[nɔŋemt klausuli]
desligar (vi)	nolikt klausuli	[nɔlikt klausuli]
ocupado	aizņemts	[aizŋemts]
tocar (vi)	zvanīt	[zvani:t]
lista (f) telefónica	telefona grāmata (s)	[tɛlefɔna gra:mata]
local	vietējais	[viɛte:jais]
chamada (f) local	vietējais zvans (v)	[viɛte:jais zvans]
de longa distância	starppilsētu	[starppilsɛ:tu]
chamada (f) de longa distância	starppilsētu zvans (v)	[starppilsɛ:tu zvans]
internacional	starptautiskais	[starptautiskais]
chamada (f) internacional	starptautiskais zvans (v)	[starptautiskais zvans]

99. Telefone móvel

telemóvel (m)	mobilais tālrunis (v)	[mɔbilais ta:lrunis]
ecrã (m)	displejs (v)	[displejs]
botão (m)	poga (s)	[pɔga]
cartão SIM (m)	SIM-karte (s)	[sim-karte]
bateria (f)	baterija (s)	[baterija]
descarregar-se	izlādēties	[izla:de:tiɛs]
carregador (m)	uzlādes ierīce (s)	[uzla:des iɛri:tse]
menu (m)	izvēlne (s)	[izve:lne]
definições (f pl)	uzstādījumi (v dsk)	[uzsta:di:jumi]
melodia (f)	melodija (s)	[melɔdija]
escolher (vt)	izvēlēties	[izvɛ:le:tiɛs]
calculadora (f)	kalkulators (v)	[kalkulatɔrs]
correio (m) de voz	autoatbildētājs (v)	[autɔatbildɛ:ta:js]

despertador (m)	modinātājs (v)	[mɔdina:ta:js]
contatos (m pl)	telefona grāmata (s)	[tɛlefɔna gra:mata]
mensagem (f) de texto	SMS-ziņa (s)	[sms-ziɲa]
assinante (m)	abonents (v)	[abɔnents]

100. Estacionário

caneta (f)	lodīšu pildspalva (s)	[lɔdi:ʃu pildspalva]
caneta (f) tinteiro	spalvaskāts (v)	[spalvaska:ts]
lápis (m)	zīmulis (v)	[zi:mulis]
marcador (m)	marķieris (v)	[martʲiɛris]
caneta (f) de feltro	flomasteris (v)	[flɔmasteris]
bloco (m) de notas	bloknots (v)	[blɔknɔts]
agenda (f)	dienasgrāmata (s)	[diɛnasgra:mata]
régua (f)	lineāls (v)	[linea:ls]
calculadora (f)	kalkulators (v)	[kalkulatɔrs]
borracha (f)	dzēšgumija (s)	[dze:ʃgumija]
pionés (m)	piespraude (s)	[piɛspraude]
clipe (m)	saspraude (s)	[saspraude]
cola (f)	līme (s)	[li:me]
agrafador (m)	skavotājs (v)	[skavɔta:js]
furador (m)	caurumotājs (v)	[tsaurumɔta:js]
afia-lápis (m)	zīmuļu asināmais (v)	[zi:mulʲu asina:mais]

Emprego. Negócios. Parte 2

101. Media

jornal (m)	laikraksts (v)	[laikraksts]
revista (f)	žurnāls (v)	[ʒurnaːls]
imprensa (f)	prese (s)	[prɛse]
rádio (m)	radio (v)	[radiɔ]
estação (f) de rádio	radiostacija (s)	[radiɔstatsija]
televisão (f)	televīzija (s)	[tɛleviːzija]
apresentador (m)	vadītājs (v)	[vadiːtaːjs]
locutor (m)	diktors (v)	[diktɔrs]
comentador (m)	komentētājs (v)	[kɔmentɛːtaːjs]
jornalista (m)	žurnālists (v)	[ʒurnaːlists]
correspondente (m)	korespondents (v)	[kɔrespɔndents]
repórter (m) fotográfico	fotokorespondents (v)	[fɔtɔkɔrespɔndents]
repórter (m)	reportieris (v)	[repɔrtiɛris]
redator (m)	redaktors (v)	[rɛdaktɔrs]
redator-chefe (m)	galvenais redaktors (v)	[galvɛnais rɛdaktɔrs]
assinar a ...	pasūtīt	[pasuːtiːt]
assinatura (f)	parakstīšanās (s)	[parakstiːʃanaːs]
assinante (m)	abonents (v)	[abɔnents]
ler (vt)	lasīt	[lasiːt]
leitor (m)	lasītājs (v)	[lasiːtaːjs]
tiragem (f)	tirāža (s)	[tiraːʒa]
mensal	ikmēneša-	[ikmɛːneʃa-]
semanal	iknedēļas	[iknɛdɛːlʲas]
número (jornal, revista)	numurs (v)	[numurs]
recente	svaigs	[svaigs]
manchete (f)	virsraksts (v)	[virsraksts]
pequeno artigo (m)	piezīme (s)	[piɛziːme]
coluna (~ semanal)	rubrika (s)	[rubrika]
artigo (m)	raksts (v)	[raksts]
página (f)	lappuse (s)	[lappuse]
reportagem (f)	reportāža (s)	[repɔrtaːʒa]
evento (m)	notikums (v)	[nɔtikums]
sensação (f)	sensācija (s)	[sensaːtsija]
escândalo (m)	skandāls (v)	[skandaːls]
escandaloso	skandalozs	[skandalɔzs]
grande	skaļš	[skalʲʃ]
programa (m) de TV	raidījums (v)	[raidiːjums]
entrevista (f)	intervija (s)	[intervija]

| transmissão (f) em direto | tieša translācija (s) | [tiɛʃa transla:tsija] |
| canal (m) | kanāls (v) | [kana:ls] |

102. Agricultura

agricultura (f)	lauksaimniecība (s)	[lauksaimniɛtsi:ba]
camponês (m)	zemnieks (v)	[zemniɛks]
camponesa (f)	zemniece (s)	[zemniɛtse]
agricultor (m)	fermeris (v)	[fermeris]

| trator (m) | traktors (v) | [traktɔrs] |
| ceifeira-debulhadora (f) | kombains (v) | [kɔmbains] |

arado (m)	arkls (v)	[arkls]
arar (vt)	art	[art]
campo (m) lavrado	uzarts lauks (v)	[uzarts lauks]
rego (m)	vaga (s)	[vaga]

semear (vt)	sēt	[se:t]
semeadora (f)	sējmašīna (s)	[se:jmaʃi:na]
semeadura (f)	sēšana (s)	[se:ʃana]

| gadanha (f) | izkapts (s) | [izkapts] |
| gadanhar (vt) | pļaut | [plʲaut] |

| pá (f) | lāpsta (s) | [la:psta] |
| cavar (vt) | rakt | [rakt] |

enxada (f)	kaplis (v)	[kaplis]
carpir (vt)	ravēt	[rave:t]
erva (f) daninha	nezāle (s)	[nɛza:le]

regador (m)	lejkanna (s)	[lejkanna]
regar (vt)	laistīt	[laisti:t]
rega (f)	laistīšana (s)	[laisti:ʃana]

| forquilha (f) | dakšas (s dsk) | [dakʃas] |
| ancinho (m) | grābeklis (v) | [gra:beklis] |

fertilizante (m)	mēslojums (v)	[me:slɔjums]
fertilizar (vt)	mēslot	[me:slɔt]
estrume (m)	kūtsmēsli (v dsk)	[ku:tsme:sli]

campo (m)	lauks (v)	[lauks]
prado (m)	pļava (s)	[plʲava]
horta (f)	sakņu dārzs (v)	[sakɲu da:rzs]
pomar (m)	dārzs (v)	[da:rzs]

pastar (vt)	ganīt	[gani:t]
pastor (m)	gans (v)	[gans]
pastagem (f)	ganības (s dsk)	[gani:bas]

| pecuária (f) | lopkopība (s) | [lɔpkɔpi:ba] |
| criação (f) de ovelhas | aitkopība (s) | [aitkɔpi:ba] |

plantação (f)	plantācija (s)	[planta:tsija]
canteiro (m)	dobe (s)	[dɔbe]
invernadouro (m)	lecekts (v)	[letsekts]

seca (f)	sausums (v)	[sausums]
seco (verão ~)	sauss	[saus]

cereal (m)	graudi (v dsk)	[graudi]
cereais (m pl)	graudaugi (v dsk)	[graudaugi]
colher (vt)	novākt	[nɔva:kt]

moleiro (m)	dzirnavnieks (v)	[dzirnavnieks]
moinho (m)	dzirnavas (s dsk)	[dzirnavas]
moer (vt)	malt graudus	[malt graudus]
farinha (f)	milti (v dsk)	[milti]
palha (f)	salmi (v dsk)	[salmi]

103. Construção. Processo de construção

canteiro (m) de obras	būvvieta (s)	[bu:vviɛta]
construir (vt)	būvēt	[bu:ve:t]
construtor (m)	celtnieks (v)	[tseltnieks]

projeto (m)	projekts (v)	[prɔjekts]
arquiteto (m)	arhitekts (v)	[arxitekts]
operário (m)	strādnieks (v)	[stra:dnieks]

fundação (f)	pamats (v)	[pamats]
telhado (m)	jumts (v)	[jumts]
estaca (f)	pālis (v)	[pa:lis]
parede (f)	siena (s)	[siɛna]

varões (m pl) para betão	armatūra (s)	[armatu:ra]
andaime (m)	būvkoki (v dsk)	[bu:vkɔki]

betão (m)	betons (v)	[betɔns]
granito (m)	granīts (v)	[grani:ts]
pedra (f)	akmens (v)	[akmens]
tijolo (m)	ķieģelis (v)	[tʲiɛdʲelis]

areia (f)	smiltis (s dsk)	[smiltis]
cimento (m)	cements (v)	[tsɛments]
emboço (m)	apmetums (v)	[apmɛtums]
emboçar (vt)	apmest	[apmest]

tinta (f)	krāsa (s)	[kra:sa]
pintar (vt)	krāsot	[kra:sɔt]
barril (m)	muca (s)	[mutsa]

grua (f), guindaste (m)	krāns (v)	[kra:ns]
erguer (vt)	celt	[tselt]
baixar (vt)	nolaist	[nɔlaist]
buldózer (m)	buldozers (v)	[buldɔzɛrs]
escavadora (f)	ekskavators (v)	[ekskavatɔrs]

caçamba (f)	**kauss** (v)	[kaus]
escavar (vt)	**rakt**	[rakt]
capacete (m) de proteção	**ķivere** (s)	[tʲivɛre]

Profissões e ocupações

104. Procura de emprego. Demissão

trabalho (m)	darbs (v)	[darbs]
equipa (f)	štats (v)	[ʃtats]
pessoal (m)	personāls (v)	[pɛrsɔnaːls]
carreira (f)	karjera (s)	[karjera]
perspetivas (f pl)	perspektīva (s)	[pɛrspektiːva]
mestria (f)	meistarība (s)	[mɛistariːba]
seleção (f)	izlase (s)	[izlase]
agência (f) de emprego	nodarbinātības aģentūra (s)	[nɔdarbinaːtiːbas adʲentuːra]
CV, currículo (m)	kopsavilkums (v)	[kɔpsavilkums]
entrevista (f) de emprego	darba intervija (s)	[darba intervija]
vaga (f)	vakance (s)	[vakantse]
salário (m)	darba alga (s)	[darba alga]
salário (m) fixo	alga (s)	[alga]
pagamento (m)	samaksa (s)	[samaksa]
posto (m)	amats (v)	[amats]
dever (do empregado)	pienākums (v)	[piɛnaːkums]
gama (f) de deveres	loks (v)	[lɔks]
ocupado	aizņemts	[aizɲemts]
despedir, demitir (vt)	atlaist	[atlaist]
demissão (f)	atlaišana (s)	[atlaiʃana]
desemprego (m)	bezdarbs (v)	[bezdarbs]
desempregado (m)	bezdarbnieks (v)	[bezdarbniɛks]
reforma (f)	pensija (s)	[pensija]
reformar-se	aiziet pensijā	[aiziɛt pensija:]

105. Gente de negócios

diretor (m)	direktors (v)	[direktɔrs]
gerente (m)	pārvaldnieks (v)	[paːrvaldniɛks]
patrão, chefe (m)	vadītājs (v)	[vadiːta:js]
superior (m)	priekšnieks (v)	[priɛkʃniɛks]
superiores (m pl)	priekšniecība (s)	[priɛkʃniɛtsiːba]
presidente (m)	prezidents (v)	[prezidents]
presidente (m) de direção	priekšsēdētājs (v)	[priɛkʃsɛːdɛːta:js]
substituto (m)	aizvietotājs (v)	[aizviɛtɔta:js]
assistente (m)	palīgs (v)	[pali:gs]

secretário (m)	sekretārs (v)	[sekrɛta:rs]
secretário (m) pessoal	personīgais sekretārs (v)	[pɛrsɔni:gais sekrɛta:rs]
homem (m) de negócios	biznesmenis (v)	[biznesmenis]
empresário (m)	uzņēmējs (v)	[uzɲɛ:me:js]
fundador (m)	pamatlicējs (v)	[pamatlitse:js]
fundar (vt)	nodibināt	[nɔdibina:t]
fundador, sócio (m)	dibinātājs (v)	[dibina:ta:js]
parceiro, sócio (m)	partneris (v)	[partneris]
acionista (m)	akcionārs (v)	[aktsiɔna:rs]
milionário (m)	miljonārs (v)	[miljɔna:rs]
bilionário (m)	miljardieris (v)	[miljardiɛris]
proprietário (m)	īpašnieks (v)	[i:paʃniɛks]
proprietário (m) de terras	zemes īpašnieks (v)	[zɛmes i:paʃniɛks]
cliente (m)	klients (v)	[kliɛnts]
cliente (m) habitual	pastāvīgais klients (v)	[pasta:vi:gais kliɛnts]
comprador (m)	pircējs (v)	[pirtse:js]
visitante (m)	apmeklētājs (v)	[apmeklɛ:ta:js]
profissional (m)	profesionālis (v)	[prɔfesiɔna:lis]
perito (m)	eksperts (v)	[eksperts]
especialista (m)	speciālists (v)	[spetsia:lists]
banqueiro (m)	baņķieris (v)	[baɲtʲiɛris]
corretor (m)	brokeris (v)	[brɔkeris]
caixa (m, f)	kasieris (v)	[kasiɛris]
contabilista (m)	grāmatvedis (v)	[gra:matvedis]
guarda (m)	apsargs (v)	[apsargs]
investidor (m)	investors (v)	[investɔrs]
devedor (m)	parādnieks (v)	[para:dniɛks]
credor (m)	kreditors (v)	[kreditɔrs]
mutuário (m)	aizņēmējs (v)	[aizɲɛ:me:js]
importador (m)	importētājs (v)	[impɔrtɛ:ta:js]
exportador (m)	eksportētājs (v)	[ekspɔrtɛ:ta:js]
produtor (m)	ražotājs (v)	[raʒɔta:js]
distribuidor (m)	izplatītājs (v)	[izplati:ta:js]
intermediário (m)	starpnieks (v)	[starpniɛks]
consultor (m)	konsultants (v)	[kɔnsultants]
representante (m)	pārstāvis (v)	[pa:rsta:vis]
agente (m)	aģents (v)	[adʲents]
agente (m) de seguros	apdrošināšanas aģents (v)	[apdrɔʃina:ʃanas adʲents]

106. Profissões de serviços

cozinheiro (m)	pavārs (v)	[pava:rs]
cozinheiro chefe (m)	šefpavārs (v)	[ʃefpava:rs]

padeiro (m)	maiznieks (v)	[maizniɛks]
barman (m)	bārmenis (v)	[baːrmenis]
empregado (m) de mesa	oficiants (v)	[ɔfitsiants]
empregada (f) de mesa	oficiante (s)	[ɔfitsiante]

advogado (m)	advokāts (v)	[advɔkaːts]
jurista (m)	jurists (v)	[jurists]
notário (m)	notārs (v)	[nɔtaːrs]

eletricista (m)	elektriķis (v)	[ɛlektritʲis]
canalizador (m)	santehniķis (v)	[santexnitʲis]
carpinteiro (m)	namdaris (v)	[namdaris]

massagista (m)	masieris (v)	[masiɛris]
massagista (f)	masiere (s)	[masiɛre]
médico (m)	ārsts (v)	[aːrsts]

taxista (m)	taksists (v)	[taksists]
condutor (automobilista)	šoferis (v)	[ʃɔferis]
entregador (m)	kurjers (v)	[kurjers]

camareira (f)	istabene (s)	[istabɛne]
guarda (m)	apsargs (v)	[apsargs]
hospedeira (f) de bordo	stjuarte (s)	[stjuarte]

professor (m)	skolotājs (v)	[skɔlɔtaːjs]
bibliotecário (m)	bibliotekārs (v)	[bibliotɛkaːrs]
tradutor (m)	tulks (v)	[tulks]
intérprete (m)	tulks (v)	[tulks]
guia (pessoa)	gids (v)	[gids]

cabeleireiro (m)	frizieris (v)	[friziɛris]
carteiro (m)	pastnieks (v)	[pastniɛks]
vendedor (m)	pārdevējs (v)	[paːrdɛveːjs]

jardineiro (m)	dārznieks (v)	[daːrzniɛks]
criado (m)	kalps (v)	[kalps]
criada (f)	kalpone (s)	[kalpɔne]
empregada (f) de limpeza	apkopēja (s)	[apkɔpeːja]

107. Profissões militares e postos

soldado (m) raso	ierindnieks (v)	[iɛrindniɛks]
sargento (m)	seržants (v)	[serʒants]
tenente (m)	leitnants (v)	[lɛitnants]
capitão (m)	kapteinis (v)	[kaptɛinis]

major (m)	majors (v)	[majɔrs]
coronel (m)	pulkvedis (v)	[pulkvedis]
general (m)	ģenerālis (v)	[dʲɛnɛraːlis]
marechal (m)	maršals (v)	[marʃals]
almirante (m)	admirālis (v)	[admiraːlis]
militar (m)	karavīrs (v)	[karaviːrs]
soldado (m)	karavīrs (v)	[karaviːrs]

oficial (m)	virsnieks (v)	[virsnіɛks]
comandante (m)	komandieris (v)	[kɔmandіɛris]

guarda (m) fronteiriço	robežsargs (v)	[rɔbeʒsargs]
operador (m) de rádio	radists (v)	[radists]
explorador (m)	izlūks (v)	[izlu:ks]
sapador (m)	sapieris (v)	[sapіɛris]
atirador (m)	šāvējs (v)	[ʃa:ve:js]
navegador (m)	stūrmanis (v)	[stu:rmanis]

108. Oficiais. Padres

rei (m)	karalis (v)	[karalis]
rainha (f)	karaliene (s)	[karalіɛne]

príncipe (m)	princis (v)	[printsis]
princesa (f)	princese (s)	[printsɛse]

czar (m)	cars (v)	[tsars]
czarina (f)	cariene (s)	[tsarіɛne]

presidente (m)	prezidents (v)	[prezidents]
ministro (m)	ministrs (v)	[ministrs]
primeiro-ministro (m)	premjerministrs (v)	[premjerministrs]
senador (m)	senators (v)	[sɛnatɔrs]

diplomata (m)	diplomāts (v)	[diplɔma:ts]
cônsul (m)	konsuls (v)	[kɔnsuls]
embaixador (m)	vēstnieks (v)	[ve:stnіɛks]
conselheiro (m)	padomnieks (v)	[padɔmnіɛks]

funcionário (m)	ierēdnis (v)	[іɛre:dnis]
prefeito (m)	prefekts (v)	[prefekts]
Presidente (m) da Câmara	mērs (v)	[mɛ:rs]

juiz (m)	tiesnesis (v)	[tіɛsnesis]
procurador (m)	prokurors (v)	[prɔkurɔrs]

missionário (m)	misionārs (v)	[misiɔna:rs]
monge (m)	mūks (v)	[mu:ks]
abade (m)	abats (v)	[abats]
rabino (m)	rabīns (v)	[rabi:ns]

vizir (m)	vezīrs (v)	[vezi:rs]
xá (m)	šahs (v)	[ʃaxs]
xeque (m)	šeihs (v)	[ʃɛixs]

109. Profissões agrícolas

apicultor (m)	biškopis (v)	[biʃkɔpis]
pastor (m)	gans (v)	[gans]
agrónomo (m)	agronoms (v)	[agrɔnɔms]

| criador (m) de gado | lopkopis (v) | [lɔpkɔpis] |
| veterinário (m) | veterinārs (v) | [vɛterina:rs] |

agricultor (m)	fermeris (v)	[fermeris]
vinicultor (m)	vīndaris (v)	[vi:ndaris]
zoólogo (m)	zoologs (v)	[zɔɔlɔgs]
cowboy (m)	kovbojs (v)	[kɔvbɔjs]

110. Profissões artísticas

| ator (m) | aktieris (v) | [aktiɛris] |
| atriz (f) | aktrise (s) | [aktrise] |

| cantor (m) | dziedātājs (v) | [dziɛda:ta:js] |
| cantora (f) | dziedātāja (s) | [dziɛda:ta:ja] |

| bailarino (m) | dejotājs (v) | [dejɔta:js] |
| bailarina (f) | dejotāja (s) | [dejɔta:ja] |

| artista (m) | mākslinieks (v) | [ma:ksliniɛks] |
| artista (f) | māksliniece (s) | [ma:ksliniɛtse] |

músico (m)	mūziķis (v)	[mu:zitʲis]
pianista (m)	pianists (v)	[pianists]
guitarrista (m)	ģitārists (v)	[dʲita:rists]

maestro (m)	diriģents (v)	[diridʲents]
compositor (m)	komponists (v)	[kɔmpɔnists]
empresário (m)	impresārijs (v)	[imprɛsa:rijs]

realizador (m)	režisors (v)	[reʒisɔrs]
produtor (m)	producents (v)	[prɔdutsents]
argumentista (m)	scenārija autors (v)	[stsɛna:rija autɔrs]
crítico (m)	kritiķis (v)	[krititʲis]

escritor (m)	rakstnieks (v)	[rakstniɛks]
poeta (m)	dzejnieks (v)	[dzejniɛks]
escultor (m)	skulptors (v)	[skulptɔrs]
pintor (m)	mākslinieks (v)	[ma:ksliniɛks]

malabarista (m)	žonglieris (v)	[ʒɔŋgliɛris]
palhaço (m)	klauns (v)	[klauns]
acrobata (m)	akrobāts (v)	[akrɔba:ts]
mágico (m)	burvju mākslinieks (v)	[burvju ma:ksliniɛks]

111. Várias profissões

médico (m)	ārsts (v)	[a:rsts]
enfermeira (f)	medmāsa (s)	[medma:sa]
psiquiatra (m)	psihiatrs (v)	[psixiatrs]
estomatologista (m)	stomatologs (v)	[stɔmatɔlɔgs]
cirurgião (m)	ķirurgs (v)	[tʲirurgs]

| astronauta (m) | astronauts (v) | [astronauts] |
| astrónomo (m) | astronoms (v) | [astronoms] |

motorista (m)	vadītājs (v)	[vadi:ta:js]
maquinista (m)	mašīnists (v)	[maʃi:nists]
mecânico (m)	mehāniķis (v)	[mexa:nitʲis]

mineiro (m)	ogļracis (v)	[oglʲratsis]
operário (m)	strādnieks (v)	[stra:dniɛks]
serralheiro (m)	atslēdznieks (v)	[atsle:dzniɛks]
marceneiro (m)	galdnieks (v)	[galdniɛks]
torneiro (m)	virpotājs (v)	[virpota:js]
construtor (m)	celtnieks (v)	[tseltniɛks]
soldador (m)	metinātājs (v)	[metina:ta:js]

professor (m) catedrático	profesors (v)	[profesors]
arquiteto (m)	arhitekts (v)	[arxitekts]
historiador (m)	vēsturnieks (v)	[ve:sturniɛks]
cientista (m)	zinātnieks (v)	[zina:tniɛks]
físico (m)	fiziķis (v)	[fizitʲis]
químico (m)	ķīmiķis (v)	[tʲi:mitʲis]

arqueólogo (m)	arheologs (v)	[arxeologs]
geólogo (m)	ģeologs (v)	[dʲeologs]
pesquisador (cientista)	pētnieks (v)	[pe:tniɛks]

| babysitter (f) | aukle (s) | [aukle] |
| professor (m) | pedagogs (v) | [pɛdagogs] |

redator (m)	redaktors (v)	[rɛdaktors]
redator-chefe (m)	galvenais redaktors (v)	[galvɛnais rɛdaktors]
correspondente (m)	korespondents (v)	[korespondents]
datilógrafa (f)	mašīnrakstītāja (s)	[maʃi:nraksti:ta:ja]

designer (m)	dizainers (v)	[dizainɛrs]
especialista (m) em informática	datoru eksperts (v)	[datoru eksperts]
programador (m)	programmētājs (v)	[programmɛ:ta:js]
engenheiro (m)	inženieris (v)	[inʒeniɛris]

marujo (m)	jūrnieks (v)	[ju:rniɛks]
marinheiro (m)	matrozis (v)	[matrozis]
salvador (m)	glābējs (v)	[gla:be:js]

bombeiro (m)	ugunsdzēsējs (v)	[ugunsdzɛ:se:js]
polícia (m)	policists (v)	[politsists]
guarda-noturno (m)	sargs (v)	[sargs]
detetive (m)	detektīvs (v)	[dɛtekti:vs]

funcionário (m) da alfândega	muitas ierēdnis (v)	[muitas iɛre:dnis]
guarda-costas (m)	miesassargs (v)	[miɛsasargs]
guarda (m) prisional	uzraugs (v)	[uzraugs]
inspetor (m)	inspektors (v)	[inspektors]

| desportista (m) | sportists (v) | [sportists] |
| treinador (m) | treneris (v) | [trɛneris] |

talhante (m)	miesnieks (v)	[miɛsniɛks]
sapateiro (m)	kurpnieks (v)	[kurpniɛks]
comerciante (m)	komersants (v)	[komɛrsants]
carregador (m)	krāvējs (v)	[kra:ve:js]
estilista (m)	modelētājs (v)	[modɛlɛ:ta:js]
modelo (f)	modele (s)	[modɛle]

112. Ocupações. Estatuto social

aluno, escolar (m)	skolnieks (v)	[skolniɛks]
estudante (~ universitária)	students (v)	[students]
filósofo (m)	filosofs (v)	[filosofs]
economista (m)	ekonomists (v)	[ekonomists]
inventor (m)	izgudrotājs (v)	[izgudrota:js]
desempregado (m)	bezdarbnieks (v)	[bezdarbniɛks]
reformado (m)	pensionārs (v)	[pensiona:rs]
espião (m)	spiegs (v)	[spiɛgs]
preso (m)	ieslodzītais (v)	[iɛslodzi:tais]
grevista (m)	streikotājs (v)	[strɛikota:js]
burocrata (m)	birokrāts (v)	[birokra:ts]
viajante (m)	ceļotājs (v)	[tselʲota:js]
homossexual (m)	homoseksuālists (v)	[xomoseksua:lists]
hacker (m)	hakeris (v)	[xakeris]
hippie	hipijs (v)	[xipijs]
bandido (m)	bandīts (v)	[bandi:ts]
assassino (m) a soldo	algots slepkava (v)	[algots slepkava]
toxicodependente (m)	narkomāns (v)	[narkoma:ns]
traficante (m)	narkotiku tirgotājs (v)	[narkotiku tirgota:js]
prostituta (f)	prostitūta (s)	[prostitu:ta]
chulo (m)	suteners (v)	[sutɛnɛrs]
bruxo (m)	burvis (v)	[burvis]
bruxa (f)	burve (s)	[burve]
pirata (m)	pirāts (v)	[pira:ts]
escravo (m)	vergs (v)	[vergs]
samurai (m)	samurajs (v)	[samurajs]
selvagem (m)	mežonis (v)	[meʒonis]

Desportos

113. Tipos de desportos. Desportistas

desportista (m)	sportists (v)	[sportists]
tipo (m) de desporto	sporta veids (v)	[sporta vɛids]
basquetebol (m)	basketbols (v)	[basketbɔls]
jogador (m) de basquetebol	basketbolists (v)	[basketbɔlists]
beisebol (m)	beisbols (v)	[bɛisbɔls]
jogador (m) de beisebol	beisbolists (v)	[bɛisbɔlists]
futebol (m)	futbols (v)	[futbɔls]
futebolista (m)	futbolists (v)	[futbɔlists]
guarda-redes (m)	vārtsargs (v)	[va:rtsargs]
hóquei (m)	hokejs (v)	[xɔkejs]
jogador (m) de hóquei	hokejists (v)	[xɔkejists]
voleibol (m)	volejbols (v)	[vɔlejbɔls]
jogador (m) de voleibol	volejbolists (v)	[vɔlejbɔlists]
boxe (m)	bokss (v)	[bɔks]
boxeador, pugilista (m)	bokseris (v)	[bɔkseris]
luta (f)	cīņa (s)	[tsi:ɲa]
lutador (m)	cīkstonis (v)	[tsi:kstɔnis]
karaté (m)	karatē (v)	[karate:]
karateca (m)	karatists (v)	[karatists]
judo (m)	džudo (v)	[dʒudɔ]
judoca (m)	džudists (v)	[dʒudists]
ténis (m)	teniss (v)	[tenis]
tenista (m)	tenisists (v)	[tenisists]
natação (f)	peldēšana (s)	[pelde:ʃana]
nadador (m)	peldētājs (v)	[peldɛ:ta:js]
esgrima (f)	paukošana (s)	[paukɔʃana]
esgrimista (m)	paukotājs (v)	[paukɔta:js]
xadrez (m)	šahs (v)	[ʃaxs]
xadrezista (m)	šahists (v)	[ʃaxists]
alpinismo (m)	alpīnisms (v)	[alpi:nisms]
alpinista (m)	alpīnists (v)	[alpi:nists]
corrida (f)	skriešana (s)	[skriɛʃana]

corredor (m)	skrējējs (v)	[skre:je:js]
atletismo (m)	vieglatlētika (s)	[viɛglatle:tika]
atleta (m)	atlēts (v)	[atle:ts]

| hipismo (m) | jāšanas sports (v) | [ja:ʃanas sports] |
| cavaleiro (m) | jātnieks (v) | [ja:tniɛks] |

patinagem (f) artística	daiļslidošana (s)	[daiļslidoʃana]
patinador (m)	daiļslidotājs (v)	[daiļslidota:js]
patinadora (f)	daiļslidotāja (s)	[daiļslidota:ja]

halterofilismo (m)	smagatlētika (s)	[smagatle:tika]
halterofilista (m)	svarcēlājs (v)	[svartsɛ:la:js]
corrida (f) de carros	autosacīkstes (s dsk)	[autɔsatsi:kstes]
piloto (m)	braucējs (v)	[brautse:js]

| ciclismo (m) | riteņbraukšana (s) | [riteŋbraukʃana] |
| ciclista (m) | riteņbraucējs (v) | [riteŋbrautse:js] |

salto (m) em comprimento	tāllēkšana (s)	[ta:lle:kʃana]
salto (m) à vara	kārtslēkšana (s)	[ka:rtsle:kʃana]
atleta (m) de saltos	lēcējs (v)	[le:tse:js]

114. Tipos de desportos. Diversos

futebol (m) americano	amerikāņu futbols (v)	[amerika:ɲu futbɔls]
badminton (m)	badmintons (v)	[badmintɔns]
biatlo (m)	biatlons (v)	[biatlɔns]
bilhar (m)	biljards (v)	[biljards]

bobsled (m)	bobslejs (v)	[bɔbslejs]
musculação (f)	bodibildings (v)	[bodibildiŋgs]
polo (m) aquático	ūdenspolo (v)	[u:denspolɔ]
andebol (m)	rokasbumba (s)	[rɔkasbumba]
golfe (m)	golfs (v)	[gɔlfs]

remo (m)	airēšana (s)	[aire:ʃana]
mergulho (m)	niršana (s)	[nirʃana]
corrida (f) de esqui	slēpošanas sacīkstes (s dsk)	[sle:pɔʃanas satsi:kstes]
ténis (m) de mesa	galda teniss (v)	[galda tenis]

vela (f)	buru sports (v)	[buru sports]
rali (m)	rallijs (v)	[rallijs]
râguebi (m)	regbijs (v)	[regbijs]
snowboard (m)	snovbords (v)	[snɔvbords]
tiro (m) com arco	loka šaušana (s)	[lɔka ʃauʃana]

115. Ginásio

barra (f)	stienis (v)	[stiɛnis]
halteres (m pl)	hanteles (s dsk)	[xantɛles]
aparelho (m) de musculaçao	trenažieris (v)	[trɛnaʒiɛris]

bicicleta (f) ergométrica	velotrenažieris (v)	[velɔtrɛnaʒiɛris]
passadeira (f) de corrida	skrejceļš (v)	[skrejtselʲʃ]

barra (f) fixa	šķērssija (s)	[ʃtʲɛ:rsija]
barras (f) paralelas	līdztekas (s dsk)	[li:dztɛkas]
cavalo (m)	vingrošanas zirgs (v)	[viŋgrɔʃanas zirgs]
tapete (m) de ginástica	vingrošanas paklājs (v)	[viŋgrɔʃanas pakla:js]

corda (f) de saltar	lecamaukla (s)	[letsamaukla]
aeróbica (f)	vingrošana (s)	[viŋgrɔʃana]
ioga (f)	joga (s)	[jɔga]

116. Desportos. Diversos

Jogos (m pl) Olímpicos	Olimpiskās Spēles (s dsk)	[ɔlimpiska:s spɛ:les]
vencedor (m)	uzvarētājs (v)	[uzvarɛ:ta:js]
vencer (vi)	uzvarēt	[uzvare:t]
vencer, ganhar (vi)	vinnēt	[vinne:t]

líder (m)	līderis (v)	[li:deris]
liderar (vt)	izrauties vadībā	[izrauties vadi:ba:]

primeiro lugar (m)	pirmā vieta (s)	[pirma: viɛta]
segundo lugar (m)	otrā vieta (s)	[ɔtra: viɛta]
terceiro lugar (m)	trešā vieta (s)	[treʃa: viɛta]

medalha (f)	medaļa (s)	[mɛdalʲa]
troféu (m)	trofeja (s)	[trɔfeja]
taça (f)	kauss (v)	[kaus]
prémio (m)	balva (s)	[balva]
prémio (m) principal	galvenā balva (s)	[galvɛna: balva]

recorde (m)	rekords (v)	[rekɔrds]
estabelecer um recorde	uzstādīt rekordu	[uzsta:di:t rekɔrdu]

final (m)	fināls (v)	[fina:ls]
final	fināla	[fina:la]

campeão (m)	čempions (v)	[tʃempiɔns]
campeonato (m)	čempionāts (v)	[tʃempiɔna:ts]

estádio (m)	stadions (v)	[stadiɔns]
bancadas (f pl)	tribīne (s)	[tribi:ne]
fã, adepto (m)	līdzjutējs (v)	[li:dzjute:js]
adversário (m)	pretinieks (v)	[pretiniɛks]

partida (f)	starts (v)	[starts]
chegada, meta (f)	finišs (v)	[finiʃs]

derrota (f)	sakāve (s)	[saka:ve]
perder (vt)	zaudēt	[zaude:t]

árbitro (m)	tiesnesis (v)	[tiɛsnesis]
júri (m)	žūrija (s)	[ʒu:rija]

resultado (m)	rezultāts (v)	[rɛzulta:ts]
empate (m)	neizšķirts rezultāts (v)	[nɛizʃtʲirts rɛzulta:ts]
empatar (vi)	nospēlēt neizšķirti	[nɔspɛ:le:t nɛizʃtʲirti]
ponto (m)	punkts (v)	[punkts]
resultado (m) final	rezultāts (v)	[rɛzulta:ts]

tempo, período (m)	periods (v)	[periɔds]
intervalo (m)	pārtraukums (v)	[pa:rtraukums]
doping (m)	dopings (v)	[dɔpiŋgs]
penalizar (vt)	sodīt	[sɔdi:t]
desqualificar (vt)	diskvalificēt	[diskvalifitse:t]

aparelho (m)	sporta inventārs (v)	[spɔrta inventa:rs]
dardo (m)	šķēps (v)	[ʃtʲe:ps]
peso (m)	lode (s)	[lɔde]
bola (f)	biljarda bumbiņa (s)	[biljarda bumbiɲa]

alvo, objetivo (m)	mērķis (v)	[me:rtʲis]
alvo (~ de papel)	mērķis (v)	[me:rtʲis]
atirar, disparar (vi)	šaut	[ʃaut]
preciso (tiro ~)	precīzs	[pretsi:zs]

treinador (m)	treneris (v)	[trɛneris]
treinar (vt)	trenēt	[trɛne:t]
treinar-se (vr)	trenēties	[trɛne:tiɛs]
treino (m)	treniņš (v)	[treniɲʃ]

ginásio (m)	sporta zāle (s)	[spɔrta za:le]
exercício (m)	vingrinājums (v)	[viŋgrina:jums]
aquecimento (m)	izvingrināšana (s)	[izviŋgrina:ʃana]

Educação

117. Escola

escola (f)	skola (s)	[skɔla]
diretor (m) de escola	skolas direktors (v)	[skɔlas direktɔrs]
aluno (m)	skolnieks (v)	[skɔlniɛks]
aluna (f)	skolniece (s)	[skɔlniɛtse]
escolar (m)	skolnieks (v)	[skɔlniɛks]
escolar (f)	skolniece (s)	[skɔlniɛtse]
ensinar (vt)	mācīt	[maːtsiːt]
aprender (vt)	mācīties	[maːtsiːtiɛs]
aprender de cor	mācīties no galvas	[maːtsiːties nɔ galvas]
estudar (vi)	mācīties	[maːtsiːtiɛs]
andar na escola	mācīties	[maːtsiːtiɛs]
ir à escola	iet skolā	[iɛt skɔlaː]
alfabeto (m)	alfabēts (v)	[alfabeːts]
disciplina (f)	mācības priekšmets (v)	[maːtsiːbas priɛkʃmets]
sala (f) de aula	klase (s)	[klase]
lição (f)	stunda (s)	[stunda]
recreio (m)	starpbrīdis (v)	[starpbriːdis]
toque (m)	zvans (v)	[zvans]
carteira (f)	skolas sols (v)	[skɔlas sɔls]
quadro (m) negro	tāfele (s)	[taːfɛle]
nota (f)	atzīme (s)	[atziːme]
boa nota (f)	laba atzīme (s)	[laba atziːme]
nota (f) baixa	slikta atzīme (s)	[slikta atziːme]
dar uma nota	likt atzīmi	[likt atziːmi]
erro (m)	kļūda (s)	[klʲuːda]
fazer erros	kļūdīties	[klʲuːdiːtiɛs]
corrigir (vt)	labot	[labɔt]
cábula (f)	špikeris (v)	[ʃpikeris]
dever (m) de casa	mājas darbs (v)	[maːjas darbs]
exercício (m)	vingrinājums (v)	[viŋgrinaːjums]
estar presente	būt klāt	[buːt klaːt]
estar ausente	nebūt klāt	[nɛbuːt klaːt]
faltar às aulas	kavēt stundas	[kaveːt stundas]
punir (vt)	sodīt	[sɔdiːt]
punição (f)	sods (v)	[sɔds]
comportamento (m)	uzvedība (s)	[uzvediːba]

boletim (m) escolar	dienasgrāmata (s)	[diɛnasgra:mata]
lápis (m)	zīmulis (v)	[zi:mulis]
borracha (f)	dzēšgumija (s)	[dze:ʃgumija]
giz (m)	krīts (v)	[kri:ts]
estojo (m)	penālis (v)	[pɛna:lis]

pasta (f) escolar	portfelis (v)	[pɔrtfelis]
caneta (f)	pildspalva (s)	[pildspalva]
caderno (m)	burtnīca (s)	[burtni:tsa]
manual (m) escolar	mācību grāmata (s)	[ma:tsi:bu gra:mata]
compasso (m)	cirkulis (v)	[tsirkulis]

| traçar (vt) | rasēt | [rase:t] |
| desenho (m) técnico | rasējums (v) | [rase:jums] |

poesia (f)	dzejolis (v)	[dzejɔlis]
de cor	no galvas	[nɔ galvas]
aprender de cor	mācīties no galvas	[ma:tsi:ties nɔ galvas]

férias (f pl)	brīvlaiks (v)	[bri:vlaiks]
estar de férias	būt brīvlaikā	[bu:t bri:vlaika:]
passar as férias	pavadīt brīvlaiku	[pavadi:t bri:vlaiku]

teste (m)	kontroldarbs (v)	[kɔntrɔldarbs]
composição, redação (f)	sacerējums (v)	[satsɛre:jums]
ditado (m)	diktāts (v)	[dikta:ts]
exame (m)	eksāmens (v)	[eksa:mens]
fazer exame	likt eksāmenus	[likt eksa:menus]
experiência (~ química)	mēģinājums (v)	[me:dⁱina:jums]

118. Colégio. Universidade

academia (f)	akadēmija (s)	[akade:mija]
universidade (f)	universitāte (s)	[univɛrsita:te]
faculdade (f)	fakultāte (s)	[fakulta:te]

estudante (m)	students (v)	[students]
estudante (f)	studente (s)	[studente]
professor (m)	pasniedzējs (v)	[pasniɛdze:js]

| sala (f) de palestras | auditorija (s) | [auditɔrija] |
| graduado (m) | absolvents (v) | [absɔlvents] |

| diploma (m) | diploms (v) | [diplɔms] |
| tese (f) | disertācija (s) | [diserta:tsija] |

| estudo (obra) | pētījums (v) | [pe:ti:jums] |
| laboratório (m) | laboratorija (s) | [labɔratɔrija] |

| palestra (f) | lekcija (s) | [lektsija] |
| colega (m) de curso | kursa biedrs (v) | [kursa biɛdrs] |

| bolsa (f) de estudos | stipendija (s) | [stipendija] |
| grau (m) académico | zinātniskais grāds (v) | [zina:tniskais gra:ds] |

119. Ciências. Disciplinas

matemática (f)	matemātika (s)	[matɛma:tika]
álgebra (f)	algebra (s)	[algebra]
geometria (f)	ģeometrija (s)	[dʲeɔmetrija]

astronomia (f)	astronomija (s)	[astrɔnɔmija]
biologia (f)	bioloģija (s)	[biɔlɔdʲija]
geografia (f)	ģeogrāfija (s)	[dʲeɔgra:fija]
geologia (f)	ģeoloģija (s)	[dʲeɔlɔdʲija]
história (f)	vēsture (s)	[ve:sture]

medicina (f)	medicīna (s)	[meditsi:na]
pedagogia (f)	pedagoģija (s)	[pɛdagɔdʲija]
direito (m)	tieslietas (s dsk)	[tiɛsliɛtas]

física (f)	fizika (s)	[fizika]
química (f)	ķīmija (s)	[tʲi:mija]
filosofia (f)	filozofija (s)	[filɔzɔfija]
psicologia (f)	psiholoģija (s)	[psixɔlɔdʲija]

120. Sistema de escrita. Ortografia

gramática (f)	gramatika (s)	[gramatika]
vocabulário (m)	leksika (s)	[leksika]
fonética (f)	fonētika (s)	[fone:tika]

substantivo (m)	lietvārds (v)	[liɛtva:rds]
adjetivo (m)	īpašības vārds (v)	[i:paʃi:bas va:rds]
verbo (m)	darbības vārds (v)	[darbi:bas va:rds]
advérbio (m)	apstākļa vārds (v)	[apsta:klʲa va:rds]

pronome (m)	vietniekvārds (v)	[viɛtniɛkva:rds]
interjeição (f)	izsauksmes vārds (v)	[izsauksmes va:rds]
preposição (f)	prievārds (v)	[priɛva:rds]

raiz (f) da palavra	vārda sakne (s)	[va:rda sakne]
terminação (f)	galotne (s)	[galɔtne]
prefixo (m)	priedēklis (v)	[priɛde:klis]
sílaba (f)	zilbe (s)	[zilbe]
sufixo (m)	sufikss (v)	[sufiks]

| acento (m) | uzsvars (v) | [uzsvars] |
| apóstrofo (m) | apostrofs (v) | [apɔstrɔfs] |

ponto (m)	punkts (v)	[punkts]
vírgula (f)	komats (v)	[kɔmats]
ponto e vírgula (m)	semikols (v)	[semikɔls]
dois pontos (m pl)	kols (v)	[kɔls]
reticências (f pl)	daudzpunkte (s)	[daudzpunkte]

| ponto (m) de interrogação | jautājuma zīme (s) | [jauta:juma zi:me] |
| ponto (m) de exclamação | izsaukuma zīme (s) | [izsaukuma zi:me] |

aspas (f pl)	pēdiņas (s dsk)	[pe:diɲas]
entre aspas	pēdiņās	[pe:diɲa:s]
parênteses (m pl)	iekavas (s dsk)	[iɛkavas]
entre parênteses	iekavās	[iɛkava:s]

hífen (m)	defise (s)	[defise]
travessão (m)	domuzīme (s)	[dɔmuzi:me]
espaço (m)	atstarpe (s)	[atstarpe]

letra (f)	burts (v)	[burts]
letra (f) maiúscula	lielais burts (v)	[liɛlais burts]

vogal (f)	patskanis (v)	[patskanis]
consoante (f)	līdzskanis (v)	[li:dzskanis]

frase (f)	teikums (v)	[tɛikums]
sujeito (m)	teikuma priekšmets (v)	[tɛikuma priɛkʃmets]
predicado (m)	izteicējs (v)	[iztɛitse:js]

linha (f)	rinda (s)	[rinda]
em uma nova linha	ar jaunu rindu	[ar jaunu rindu]
parágrafo (m)	rindkopa (s)	[rindkɔpa]

palavra (f)	vārds (v)	[va:rds]
grupo (m) de palavras	vārdkopa (s)	[va:rdkɔpa]
expressão (f)	izteiciens (v)	[iztɛitsiɛns]
sinónimo (m)	sinonīms (v)	[sinɔni:ms]
antónimo (m)	antonīms (v)	[antɔni:ms]

regra (f)	likums (v)	[likums]
exceção (f)	izņēmums (v)	[izɲɛ:mums]
correto	pareizs	[parɛizs]

conjugação (f)	konjugācija (s)	[kɔnjuga:tsija]
declinação (f)	deklinācija (s)	[deklina:tsija]
caso (m)	locījums (v)	[lɔtsi:jums]
pergunta (f)	jautājums (v)	[jauta:jums]
sublinhar (vt)	pasvītrot	[pasvi:trɔt]
linha (f) pontilhada	punktēta līnija (s)	[punktɛ:ta li:nija]

121. Línguas estrangeiras

língua (f)	valoda (s)	[valɔda]
estrangeiro	svešs	[sveʃs]
língua (f) estrangeira	svešvaloda (s)	[sveʃvalɔda]
estudar (vt)	pētīt	[pe:ti:t]
aprender (vt)	mācīties	[ma:tsi:tiɛs]

ler (vt)	lasīt	[lasi:t]
falar (vi)	runāt	[runa:t]
compreender (vt)	saprast	[saprast]
escrever (vt)	rakstīt	[raksti:t]
rapidamente	ātri	[a:tri]
devagar	lēni	[le:ni]

fluentemente	**brīvi**	[bri:vi]
regras (f pl)	**noteikumi** (v dsk)	[nɔtɛikumi]
gramática (f)	**gramatika** (s)	[gramatika]
vocabulário (m)	**leksika** (s)	[leksika]
fonética (f)	**fonētika** (s)	[fɔne:tika]

manual (m) escolar	**mācību grāmata** (s)	[ma:tsi:bu gra:mata]
dicionário (m)	**vārdnīca** (s)	[va:rdni:tsa]
manual (m) de autoaprendizagem	**pašmācības grāmata** (s)	[paʃma:tsi:bas gra:mata]
guia (m) de conversação	**sarunvārdnīca** (s)	[sarunva:rdni:tsa]

cassete (f)	**kasete** (s)	[kasɛte]
vídeo cassete (m)	**videokasete** (s)	[videɔkasɛte]
CD (m)	**kompaktdisks** (v)	[kɔmpaktdisks]
DVD (m)	**DVD** (v)	[dvd]

alfabeto (m)	**alfabēts** (v)	[alfabe:ts]
soletrar (vt)	**izrunāt pa burtiem**	[izruna:t pa burtiɛm]
pronúncia (f)	**izruna** (s)	[izruna]

sotaque (m)	**akcents** (v)	[aktsents]
com sotaque	**ar akcentu**	[ar aktsentu]
sem sotaque	**bez akcenta**	[bez aktsenta]

palavra (f)	**vārds** (v)	[va:rds]
sentido (m)	**nozīme** (s)	[nɔzi:me]

cursos (m pl)	**kursi** (v dsk)	[kursi]
inscrever-se (vr)	**pierakstīties**	[piɛraksti:tiɛs]
professor (m)	**pasniedzējs** (v)	[pasniɛdze:js]

tradução (processo)	**tulkošana** (s)	[tulkɔʃana]
tradução (texto)	**tulkojums** (v)	[tulkɔjums]
tradutor (m)	**tulks** (v)	[tulks]
intérprete (m)	**tulks** (v)	[tulks]

poliglota (m)	**poliglots** (v)	[pɔliglɔts]
memória (f)	**atmiņa** (s)	[atmiɲa]

122. Personagens de contos de fadas

Pai (m) Natal	**Santa Klauss** (v)	[santa klaus]
Cinderela (f)	**Pelnrušķīte** (s)	[pelnruʃĶi:te]
sereia (f)	**nāra** (s)	[na:ra]
Neptuno (m)	**Neptūns** (v)	[neptu:ns]

mago (m)	**burvis** (v)	[burvis]
fada (f)	**burve** (s)	[burve]
mágico	**burvju**	[burvju]
varinha (f) mágica	**burvju nūjiņa** (s)	[burvju nu:jiɲa]

conto (m) de fadas	**pasaka** (s)	[pasaka]
milagre (m)	**brīnums** (v)	[bri:nums]

| anão (m) | rūķītis (v) | [ru:tⁱi:tis] |
| transformar-se em … | pārvērsties par … | [pa:rvɛ:rsties par …] |

fantasma (m)	rēgs (v)	[re:gs]
espetro (m)	spoks (v)	[spɔks]
monstro (m)	nezvērs (v)	[nezvɛ:rs]
dragão (m)	pūķis (v)	[pu:tⁱis]
gigante (m)	milzis (v)	[milzis]

123. Signos do Zodíaco

Carneiro	Auns (v)	[auns]
Touro	Vērsis (v)	[vɛ:rsis]
Gémeos	Dvīņi (v dsk)	[dvi:ɲi]
Caranguejo	Vēzis (v)	[ve:zis]
Leão	Lauva (s)	[lauva]
Virgem (f)	Jaunava (s)	[jaunava]

Balança	Svari (v dsk)	[svari]
Escorpião	Skorpions (v)	[skɔrpiɔns]
Sagitário	Strēlnieks (v)	[stre:lniɛks]
Capricórnio	Mežāzis (v)	[meʒa:zis]
Aquário	Ūdensvīrs (v)	[u:densvi:rs]
Peixes	Zivis (v dsk)	[zivis]

caráter (m)	raksturs (v)	[raksturs]
traços (m pl) do caráter	rakstura iezīmes (s dsk)	[rakstura iɛzi:mes]
comportamento (m)	uzvedība (s)	[uzvedi:ba]
predizer (vt)	zīlēt	[zi:le:t]
adivinha (f)	zīlniece (s)	[zi:lniɛtse]
horóscopo (m)	horoskops (v)	[xɔrɔskɔps]

Artes

124. Teatro

teatro (m)	teātris (v)	[tea:tris]
ópera (f)	opera (s)	[ɔpɛra]
opereta (f)	operete (s)	[ɔpɛrɛte]
balé (m)	balets (v)	[balets]
cartaz (m)	afiša (s)	[afiʃa]
companhia (f) teatral	trupa (s)	[trupa]
turné (digressão)	viesizrāde (s)	[viɛsizra:de]
estar em turné	sniegt viesizrādes	[sniɛgt viɛsizra:des]
ensaiar (vt)	mēģināt	[me:dʲina:t]
ensaio (m)	mēģinājums (v)	[me:dʲina:jums]
repertório (m)	repertuārs (v)	[rɛpertua:rs]
apresentação (f)	izrāde (s)	[izra:de]
espetáculo (m)	izrāde (s)	[izra:de]
peça (f)	luga (s)	[luga]
bilhete (m)	biļete (s)	[bilʲɛte]
bilheteira (f)	biļešu kase (s)	[bilʲeʃu kase]
hall (m)	halle (s)	[xalle]
guarda-roupa (m)	garderobe (s)	[garderɔbe]
senha (f) numerada	numurs (v)	[numurs]
binóculo (m)	binoklis (v)	[binɔklis]
lanterninha (m)	kontrolieris (v)	[kɔntrɔliɛris]
plateia (f)	parters (v)	[partɛrs]
balcão (m)	balkons (v)	[balkɔns]
primeiro balcão (m)	beletāža (s)	[bɛlɛta:ʒa]
camarote (m)	loža (s)	[lɔʒa]
fila (f)	rinda (s)	[rinda]
assento (m)	vieta (s)	[viɛta]
público (m)	publika (s)	[publika]
espetador (m)	skatītājs (v)	[skati:ta:js]
aplaudir (vt)	aplaudēt	[aplaude:t]
aplausos (m pl)	aplausi (v dsk)	[aplausi]
ovação (f)	ovācijas (s dsk)	[ɔva:tsijas]
palco (m)	skatuve (s)	[skatuve]
pano (m) de boca	priekškars (v)	[priɛkʃkars]
cenário (m)	dekorācija (s)	[dekɔra:tsija]
bastidores (m pl)	kulises (s dsk)	[kulises]
cena (f)	skats (v)	[skats]
ato (m)	cēliens (v)	[tse:liɛns]
entreato (m)	starpbrīdis (v)	[starpbri:dis]

125. Cinema

ator (m)	aktieris (v)	[aktiɛris]
atriz (f)	aktrise (s)	[aktrise]
cinema (m)	kino (v)	[kinɔ]
filme (m)	kino (v)	[kinɔ]
episódio (m)	sērija (s)	[se:rija]
filme (m) policial	detektīvs (v)	[dɛtekti:vs]
filme (m) de ação	grāvējs (v)	[gra:ve:js]
filme (m) de aventuras	piedzīvojumu filma (s)	[piɛdzi:vɔjumu filma]
filme (m) de ficção científica	fantastiska filma (s)	[fantastiska filma]
filme (m) de terror	šausmu filma (s)	[ʃausmu filma]
comédia (f)	kino komēdija (s)	[kinɔ kɔme:dija]
melodrama (m)	melodrāma (s)	[melɔdra:ma]
drama (m)	drāma (s)	[dra:ma]
filme (m) ficcional	mākslas filma (s)	[ma:kslas filma]
documentário (m)	dokumentāla filma (s)	[dɔkumenta:la filma]
desenho (m) animado	multfilma (s)	[multfilma]
cinema (m) mudo	mēmais kino (v)	[mɛ:mais kinɔ]
papel (m)	loma (s)	[lɔma]
papel (m) principal	galvenā loma (s)	[galvɛna: lɔma]
representar (vt)	spēlēt	[spɛ:le:t]
estrela (f) de cinema	kinozvaigzne (s)	[kinɔzvaigzne]
conhecido	slavens	[slavens]
famoso	slavens	[slavens]
popular	populārs	[popula:rs]
argumento (m)	scenārijs (v)	[stsɛna:rijs]
argumentista (m)	scenārija autors (v)	[stsɛna:rija autɔrs]
realizador (m)	režisors (v)	[reʒisɔrs]
produtor (m)	producents (v)	[prɔdutsents]
assistente (m)	asistents (v)	[asistents]
diretor (m) de fotografia	operators (v)	[ɔpɛratɔrs]
duplo (m)	kaskadieris (v)	[kaskadiɛris]
duplo (m) de corpo	dublieris (v)	[dubliɛris]
filmar (vt)	uzņemt filmu	[uzɲemt filmu]
audição (f)	mēģinājumi (v dsk)	[me:dʲina:jumi]
filmagem (f)	uzņemšana (s)	[uzɲemʃana]
equipe (f) de filmagem	uzņemšanas grupa (s)	[uzɲemʃanas grupa]
set (m) de filmagem	uzņemšanas laukums (v)	[uzɲemʃanas laukums]
câmara (f)	kinokamera (s)	[kinɔkamɛra]
cinema (m)	kinoteātris (v)	[kinotea:tris]
ecrã (m), tela (f)	ekrāns (v)	[ekra:ns]
exibir um filme	rādīt filmu	[ra:di:t filmu]
pista (f) sonora	skaņas celiņš (v)	[skaɲas tseliɲʃ]
efeitos (m pl) especiais	specefekti (v dsk)	[spetsefekti]

115

legendas (f pl)	subtitri (v dsk)	[subtitri]
crédito (m)	titri (v dsk)	[titri]
tradução (f)	tulkojums (v)	[tulkɔjums]

126. Pintura

arte (f)	māksla (s)	[maːksla]
belas-artes (f pl)	daiļās mākslas (s dsk)	[dailʲaːs maːkslas]
galeria (f) de arte	mākslas galerija (s)	[maːkslas galerija]
exposição (f) de arte	gleznu izstāde (s)	[gleznu izstaːde]

pintura (f)	glezniecība (s)	[glezniɛtsiːba]
arte (f) gráfica	grafika (s)	[grafika]
arte (f) abstrata	abstrakcionisms (v)	[abstraktsionisms]
impressionismo (m)	impresionisms (v)	[impresionisms]

pintura (f), quadro (m)	glezna (s)	[glezna]
desenho (m)	zīmējums (v)	[ziːmeːjums]
cartaz, póster (m)	plakāts (v)	[plakaːts]

ilustração (f)	ilustrācija (s)	[ilustraːtsija]
miniatura (f)	miniatūra (s)	[miniatuːra]
cópia (f)	kopija (s)	[kɔpija]
reprodução (f)	reprodukcija (s)	[reprɔduktsija]

mosaico (m)	mozaīka (s)	[mɔzaiːka]
vitral (m)	vitrāža (s)	[vitraːʒa]
fresco (m)	freska (s)	[freska]
gravura (f)	gravīra (s)	[graviːra]

busto (m)	biste (s)	[biste]
escultura (f)	skulptūra (s)	[skulptuːra]
estátua (f)	statuja (s)	[statuja]
gesso (m)	ģipsis (v)	[dʲipsis]
em gesso	ģipša	[dʲipʃa]

retrato (m)	portrets (v)	[pɔrtrets]
autorretrato (m)	pašportrets (v)	[paʃpɔrtrets]
paisagem (f)	ainava (s)	[ainava]
natureza (f) morta	klusā daba (s)	[klusa: daba]
caricatura (f)	karikatūra (s)	[karikatuːra]
esboço (m)	uzmetums (v)	[uzmɛtums]

tinta (f)	krāsa (s)	[kraːsa]
aguarela (f)	akvareļkrāsa (s)	[akvarelʲkraːsa]
óleo (m)	eļļas krāsas (s dsk)	[ellʲas kraːsas]
lápis (m)	zīmulis (v)	[ziːmulis]
tinta da China (f)	tuša (s)	[tuʃa]
carvão (m)	ogle (s)	[ɔgle]

desenhar (vt)	zīmēt	[ziːmeːt]
pintar (vt)	gleznot	[gleznɔt]
posar (vi)	pozēt	[pɔzeːt]
modelo (m)	modelis (v)	[mɔdelis]

modelo (f)	modele (s)	[mɔdɛle]
pintor (m)	mākslinieks (v)	[maːkslinieks]
obra (f)	darbs (v)	[darbs]
obra-prima (f)	šedevrs (v)	[ʃɛdevrs]
estúdio (m)	darbnīca (s)	[darbniːtsa]

tela (f)	audekls (v)	[audekls]
cavalete (m)	molberts (v)	[mɔlberts]
paleta (f)	palete (s)	[palɛte]

moldura (f)	ietvars (v)	[iɛtvars]
restauração (f)	restaurācija (s)	[restauraːtsija]
restaurar (vt)	restaurēt	[restaureːt]

127. Literatura & Poesia

literatura (f)	literatūra (s)	[litɛratuːra]
autor (m)	autors (v)	[autɔrs]
pseudónimo (m)	pseidonīms (v)	[psɛidɔniːms]

livro (m)	grāmata (s)	[graːmata]
volume (m)	sējums (v)	[seːjums]
índice (m)	satura rādītājs (v)	[satura raːdiːtaːjs]
página (f)	lappuse (s)	[lappuse]
protagonista (m)	galvenais varonis (v)	[galvɛnais varɔnis]
autógrafo (m)	autogrāfs (v)	[autɔgraːfs]

conto (m)	stāsts (v)	[staːsts]
romance (m)	romāns (v)	[rɔmaːns]
obra (f)	sacerējums (v)	[satsɛreːjums]
fábula (m)	fabula (s)	[fabula]
romance (m) policial	detektīvs (v)	[dɛtektiːvs]

poesia (obra)	dzejolis (v)	[dzejɔlis]
poesia (arte)	dzeja (s)	[dzeja]
poema (m)	poēma (s)	[pɔɛːma]
poeta (m)	dzejnieks (v)	[dzejniɛks]

ficção (f)	beletristika (s)	[bɛletristika]
ficção (f) científica	zinātniskā fantastika (s)	[zinaːtniska: fantastika]
aventuras (f pl)	piedzīvojumi (v dsk)	[piɛdziːvɔjumi]
literatura (f) didática	mācību literatūra (s)	[maːtsiːbu litɛratuːra]
literatura (f) infantil	bērnu literatūra (s)	[beːrnu litɛratuːra]

128. Circo

circo (m)	cirks (v)	[tsirks]
circo (m) ambulante	ceļojošais cirks (v)	[tseḷɔjɔʃais tsirks]
programa (m)	programma (s)	[prɔgramma]
apresentação (f)	izrāde (s)	[izraːde]
número (m)	numurs (v)	[numurs]
arena (f)	arēna (s)	[arɛːna]

pantomima (f)	pantomīma (s)	[pantɔmi:ma]
palhaço (m)	klauns (v)	[klauns]

acrobata (m)	akrobāts (v)	[akrɔba:ts]
acrobacia (f)	akrobātika (s)	[akrɔba:tika]
ginasta (m)	vingrotājs (v)	[viŋgrɔta:js]
ginástica (f)	vingrošana (s)	[viŋgrɔʃana]
salto (m) mortal	salto (v)	[saltɔ]

homem forte (m)	atlēts, spēkavīrs (v)	[atle:ts], [spɛ:kavi:rs]
domador (m)	dīdītājs (v)	[di:di:ta:js]
cavaleiro (m) equilibrista	jātnieks (v)	[ja:tniɛks]
assistente (m)	asistents (v)	[asistents]

truque (m)	triks (v)	[triks]
truque (m) de mágica	fokuss (v)	[fɔkus]
mágico (m)	triku meistars (v)	[triku mɛistars]

malabarista (m)	žonglieris (v)	[ʒɔŋgliɛris]
fazer malabarismos	žonglēt	[ʒɔŋgle:t]
domador (m)	dresētājs (v)	[drɛsɛ:ta:js]
adestramento (m)	dresēšana (s)	[drɛse:ʃana]
adestrar (vt)	dresēt	[drɛse:t]

129. Música. Música popular

música (f)	mūzika (s)	[mu:zika]
músico (m)	mūziķis (v)	[mu:zitʲis]
instrumento (m) musical	mūzikas instruments (v)	[mu:zikas instruments]
tocar ...	spēlēt ...	[spɛ:le:t ...]

guitarra (f)	ģitāra (s)	[dʲita:ra]
violino (m)	vijole (s)	[vijɔle]
violoncelo (m)	čells (v)	[tʃells]
contrabaixo (m)	kontrabass (v)	[kɔntrabas]
harpa (f)	arfa (s)	[arfa]

piano (m)	pianīns (v)	[piani:ns]
piano (m) de cauda	flīģelis (v)	[fli:dʲelis]
órgão (m)	ērģeles (s dsk)	[e:rdʲɛles]

instrumentos (m pl) de sopro	pūšamie instrumenti (v dsk)	[pu:ʃamiɛ instrumenti]
oboé (m)	oboja (s)	[ɔbɔja]
saxofone (m)	saksofons (v)	[saksɔfons]
clarinete (m)	klarnete (s)	[klarnɛte]
flauta (f)	flauta (s)	[flauta]
trompete (m)	trompete (s)	[trɔmpɛte]

acordeão (m)	akordeons (v)	[akɔrdeɔns]
tambor (m)	bungas (s dsk)	[buŋgas]

duo, dueto (m)	duets (v)	[duets]
trio (m)	trio (v)	[triɔ]
quarteto (m)	kvartets (v)	[kvartets]

| coro (m) | koris (v) | [koris] |
| orquestra (f) | orķestris (v) | [ortʲestris] |

música (f) pop	popmūzika (s)	[pɔpmu:zika]
música (f) rock	rokmūzika (s)	[rɔkmu:zika]
grupo (m) de rock	rokgrupa (s)	[rɔkgrupa]
jazz (m)	džezs (v)	[dʒezs]

| ídolo (m) | elks (v) | [elks] |
| fã, admirador (m) | cienītājs (v) | [tsiɛni:ta:js] |

concerto (m)	koncerts (v)	[kɔntserts]
sinfonia (f)	simfonija (s)	[simfɔnija]
composição (f)	sacerējums (v)	[satsɛre:jums]
compor (vt)	sacerēt	[satsɛre:t]

canto (m)	dziedāšana (s)	[dziɛda:ʃana]
canção (f)	dziesma (s)	[dziɛsma]
melodia (f)	melodija (s)	[melɔdija]
ritmo (m)	ritms (v)	[ritms]
blues (m)	blūzs (v)	[blu:zs]

notas (f pl)	notis (s dsk)	[nɔtis]
batuta (f)	zizlis (v)	[zizlis]
arco (m)	lociņš (v)	[lɔtsiɲʃ]
corda (f)	stīga (s)	[sti:ga]
estojo (m)	futrālis (v)	[futra:lis]

Descanso. Entretenimento. Viagens

130. Viagens

turismo (m)	tūrisms (v)	[tu:risms]
turista (m)	tūrists (v)	[tu:rists]
viagem (f)	ceļojums (v)	[tselʲɔjums]
aventura (f)	piedzīvojums (v)	[piɛdzi:vɔjums]
viagem (f)	brauciens (v)	[brautsiɛns]

férias (f pl)	atvaļinājums (v)	[atvalʲina:jums]
estar de férias	būt atvaļinājumā	[bu:t atvalʲina:juma:]
descanso (m)	atpūta (s)	[atpu:ta]

comboio (m)	vilciens (v)	[viltsiɛns]
de comboio (chegar ~)	ar vilcienu	[ar viltsiɛnu]
avião (m)	lidmašīna (s)	[lidmaʃi:na]
de avião	ar lidmašīnu	[ar lidmaʃi:nu]
de carro	ar automobili	[ar autɔmɔbili]
de navio	ar kuģi	[ar kudʲi]

bagagem (f)	bagāža (s)	[baga:ʒa]
mala (f)	čemodāns (v)	[tʃemɔda:ns]
carrinho (m)	bagāžas ratiņi (v dsk)	[baga:ʒas ratiɲi]

passaporte (m)	pase (s)	[pase]
visto (m)	vīza (s)	[vi:za]
bilhete (m)	biļete (s)	[bilʲɛte]
bilhete (m) de avião	aviobiļete (s)	[aviɔbilʲɛte]

guia (m) de viagem	ceļvedis (v)	[tselʲvedis]
mapa (m)	karte (s)	[karte]
local (m), area (f)	apvidus (v)	[apvidus]
lugar, sítio (m)	vieta (s)	[viɛta]

exotismo (m)	eksotika (s)	[eksɔtika]
exótico	eksotisks	[eksɔtisks]
surpreendente	apbrīnojams	[apbri:nɔjams]

grupo (m)	grupa (s)	[grupa]
excursão (f)	ekskursija (s)	[ekskursija]
guia (m)	gids (v)	[gids]

131. Hotel

hotel (m), pensão (f)	viesnīca (s)	[viɛsni:tsa]
motel (m)	motelis (v)	[mɔtelis]
três estrelas	trīszvaigžņu	[tri:szvaigʒɲu]

cinco estrelas	pieczvaigžņu	[piɛtszvaigʒɲu]
ficar (~ num hotel)	apmesties	[apmestiɛs]

quarto (m)	numurs (v)	[numurs]
quarto (m) individual	vienvietīgs numurs (v)	[viɛnviɛti:gs numurs]
quarto (m) duplo	divvietīgs numurs (v)	[divviɛti:gs numurs]
reservar um quarto	rezervēt numuru	[rɛzerve:t numuru]

meia pensão (f)	pus pansija (s)	[pus pansija]
pensão (f) completa	pilna pansija (s)	[pilna pansija]

com banheira	ar vannu	[ar vannu]
com duche	ar dušu	[ar duʃu]
televisão (m) satélite	satelīta televīzija (s)	[sateli:ta tɛlevi:zija]
ar (m) condicionado	kondicionētājs (v)	[kɔnditsionɛ:ta:js]
toalha (f)	dvielis (v)	[dviɛlis]
chave (f)	atslēga (s)	[atslɛ:ga]

administrador (m)	administrators (v)	[administratɔrs]
camareira (f)	istabene (s)	[istabɛne]
bagageiro (m)	nesējs (v)	[nɛse:js]
porteiro (m)	portjē (v)	[pɔrtje:]

restaurante (m)	restorāns (v)	[restɔra:ns]
bar (m)	bārs (v)	[ba:rs]
pequeno-almoço (m)	brokastis (s dsk)	[brɔkastis]
jantar (m)	vakariņas (s dsk)	[vakariɲas]
buffet (m)	zviedru galds (v)	[zviɛdru galds]

hall (m) de entrada	vestibils (v)	[vestibils]
elevador (m)	lifts (v)	[lifts]

NÃO PERTURBE	NETRAUCĒT	[netrautse:t]
PROIBIDO FUMAR!	SMĒĶĒT AIZLIEGTS!	[smɛ:tʲe:t aizliɛgts!]

132. Livros. Leitura

livro (m)	grāmata (s)	[gra:mata]
autor (m)	autors (v)	[autɔrs]
escritor (m)	rakstnieks (v)	[rakstniɛks]
escrever (vt)	uzrakstīt	[uzraksti:t]

leitor (m)	lasītājs (v)	[lasi:ta:js]
ler (vt)	lasīt	[lasi:t]
leitura (f)	lasīšana (s)	[lasi:ʃana]

para si	klusībā	[klusi:ba:]
em voz alta	skaļi	[skalʲi]

publicar (vt)	izdot	[izdɔt]
publicação (f)	izdevums (v)	[izdɛvums]
editor (m)	izdevējs (v)	[izdɛve:js]
editora (f)	izdevniecība (s)	[izdevniɛtsi:ba]
sair (vi)	iznākt	[izna:kt]

| lançamento (m) | iznākšana (s) | [izna:kʃana] |
| tiragem (f) | izloze (s) | [izlɔze] |

| livraria (f) | grāmatnīca (s) | [gra:matni:tsa] |
| biblioteca (f) | bibliotēka (s) | [bibliotɛ:ka] |

novela (f)	stāsts (v)	[sta:sts]
conto (m)	stāsts (v)	[sta:sts]
romance (m)	romāns (v)	[rɔma:ns]
romance (m) policial	detektīvs (v)	[dɛtekti:vs]

memórias (f pl)	memuāri (v dsk)	[mɛmua:ri]
lenda (f)	leģenda (s)	[lɛdʲenda]
mito (m)	mīts (v)	[mi:ts]

poesia (f)	dzeja (s)	[dzeja]
autobiografia (f)	autobiogrāfija (s)	[autɔbiɔgra:fija]
obras (f pl) escolhidas	izlase (s)	[izlase]
ficção (f) científica	zinātniskā fantastika (s)	[zina:tniska: fantastika]

título (m)	nosaukums (v)	[nɔsaukums]
introdução (f)	ievads (v)	[iɛvads]
folha (f) de rosto	titullapa (s)	[titullapa]

capítulo (m)	nodaļa (s)	[nɔdalʲa]
excerto (m)	fragments (v)	[fragments]
episódio (m)	epizode (s)	[epizɔde]

tema (m)	sižets (v)	[siʒets]
conteúdo (m)	saturs (v)	[saturs]
índice (m)	satura rādītājs (v)	[satura ra:di:ta:js]
protagonista (m)	galvenais varonis (v)	[galvɛnais varɔnis]

tomo, volume (m)	sējums (v)	[se:jums]
capa (f)	vāks (v)	[va:ks]
encadernação (f)	iesējums (v)	[iɛse:jums]
marcador (m) de livro	ieliekamā zīme (s)	[iɛliɛkama: zi:me]

página (f)	lappuse (s)	[lappuse]
folhear (vt)	šķirstīt	[ʃtʲirsti:t]
margem (f)	apmales (s dsk)	[apmales]
anotação (f)	ķeksītis (v)	[tʲeksi:tis]
nota (f) de rodapé	piezīme (s)	[piɛzi:me]

texto (m)	teksts (v)	[teksts]
fonte (f)	burtu raksts (v)	[burtu raksts]
gralha (f)	drukas kļūda (s)	[drukas klʲu:da]

tradução (f)	tulkojums (v)	[tulkɔjums]
traduzir (vt)	tulkot	[tulkɔt]
original (m)	oriģināldarbs (v)	[ɔridʲina:ldarbs]

famoso	slavens	[slavens]
desconhecido	nezināms	[nezina:ms]
interessante	interesants	[intɛrɛsants]
best-seller (m)	bestsellers (v)	[bestsellɛrs]

dicionário (m)	vārdnīca (s)	[va:rdni:tsa]
manual (m) escolar	mācību grāmata (s)	[ma:tsi:bu gra:mata]
enciclopédia (f)	enciklopēdija (s)	[entsiklɔpe:dija]

133. Caça. Pesca

caça (f)	medības (s dsk)	[medi:bas]
caçar (vi)	medīt	[medi:t]
caçador (m)	mednieks (v)	[medniɛks]

atirar (vi)	šaut	[ʃaut]
caçadeira (f)	šautene (s)	[ʃautɛne]
cartucho (m)	patrona (s)	[patrɔna]
chumbo (m) de caça	skrotis (s dsk)	[skrɔtis]

armadilha (f)	lamatas (s dsk)	[lamatas]
armadilha (com corda)	slazds (v)	[slazds]
cair na armadilha	iekrist lamatās	[iɛkrist lamata:s]
pôr a armadilha	izlikt lamatas	[izlikt lamatas]

caçador (m) furtivo	malumednieks (v)	[malumedniɛks]
caça (f)	medījums (v)	[medi:jums]
cão (m) de caça	medību suns (v)	[medi:bu suns]
safári (m)	safari (v)	[safari]
animal (m) empalhado	izbāzenis (v)	[izba:zenis]

pescador (m)	zvejnieks (v)	[zvejniɛks]
pesca (f)	makšķerēšana (s)	[makʃtʲɛre:ʃana]
pescar (vt)	zvejot	[zvejɔt]

cana (f) de pesca	makšķere (s)	[makʃtʲɛre]
linha (f) de pesca	makšķeres aukla (s)	[makʃtʲɛres aukla]
anzol (m)	āķis (v)	[a:tʲis]

| boia (f) | pludiņš (v) | [pludiɲʃ] |
| isca (f) | ēsma (s) | [ɛ:sma] |

| lançar a linha | iemest makšķeri | [iɛmest makʃtʲeri] |
| morder (vt) | ķerties | [tʲertiɛs] |

| pesca (f) | ķēriens (v) | [tʲe:riɛns] |
| buraco (m) no gelo | āliņģis (v) | [a:liɳdʲis] |

| rede (f) | tīkls (v) | [ti:kls] |
| barco (m) | laiva (s) | [laiva] |

pescar com rede	zvejot	[zvejɔt]
lançar a rede	iemest tīklu	[iɛmest ti:klu]
puxar a rede	izvilkt tīklu	[izvilkt ti:klu]
cair nas malhas	ieskriet tīklā	[iɛskriɛt ti:kla:]

baleeiro (m)	valzivju mednieks (v)	[valzivju medniɛks]
baleeira (f)	valzivju medību kuģis (v)	[valzivju medi:bu kudʲis]
arpão (m)	harpūna (s)	[xarpu:na]

134. Jogos. Bilhar

bilhar (m)	biljards (v)	[biljards]
sala (f) de bilhar	biljarda istaba (s)	[biljarda istaba]
bola (f) de bilhar	biljarda bumbiņa (s)	[biljarda bumbiņa]
embolsar uma bola	iesist bumbu	[iɛsist bumbu]
taco (m)	biljarda nūja (s)	[biljarda nuːja]
caçapa (f)	maks (v)	[maks]

135. Jogos. Jogar cartas

ouros (m pl)	kāravs (v)	[kaːravs]
espadas (f pl)	pīķis (v)	[piːtʲis]
copas (f pl)	ercens (v)	[ertsens]
paus (m pl)	kreics (v)	[krɛits]
ás (m)	dūzis (v)	[duːzis]
rei (m)	kungs (v)	[kuŋgs]
dama (f)	dāma (s)	[daːma]
valete (m)	kalps (v)	[kalps]
carta (f) de jogar	spēļu kārts (v)	[spɛːlʲu kaːrts]
cartas (f pl)	kārtis (s dsk)	[kaːrtis]
trunfo (m)	trumpis (v)	[trumpis]
baralho (m)	kāršu kava (s)	[kaːrʃu kava]
ponto (m)	punkts (v)	[punkts]
dar, distribuir (vt)	izdot	[izdɔt]
embaralhar (vt)	jaukt	[jaukt]
vez, jogada (f)	gājiens (v)	[gaːjiɛns]
batoteiro (m)	blēdis (v)	[ble:dis]

136. Descanso. Jogos. Diversos

passear (vi)	pastaigāties	[pastaiga:tiɛs]
passeio (m)	pastaiga (s)	[pastaiga]
viagem (f) de carro	izbrauciens (v)	[izbrautsiɛns]
aventura (f)	piedzīvojums (v)	[piɛdziːvɔjums]
piquenique (m)	pikniks (v)	[pikniks]
jogo (m)	spēle (s)	[spɛːle]
jogador (m)	spēlētājs (v)	[spɛːlɛːtaːjs]
partida (f)	partija (s)	[partija]
colecionador (m)	kolekcionārs (v)	[kɔlektsiɔnaːrs]
colecionar (vt)	kolekcionēt	[kɔlektsiɔneːt]
coleção (f)	kolekcija (s)	[kɔlektsija]
palavras (f pl) cruzadas	krustvārdu mīkla (s)	[krustvaːrdu miːkla]
hipódromo (m)	hipodroms (v)	[xipɔdrɔms]

discoteca (f)	diskotēka (s)	[diskotɛ:ka]
sauna (f)	sauna (s)	[sauna]
lotaria (f)	loterija (s)	[loterija]

campismo (m)	gājiens (v)	[ga:jiɛns]
acampamento (m)	nometne (s)	[nometne]
tenda (f)	telts (s)	[telts]
bússola (f)	kompass (v)	[kɔmpas]
campista (m)	tūrists (v)	[tu:rists]

ver (vt), assistir à …	skatīties	[skati:tiɛs]
telespectador (m)	televīzijas skatītājs (v)	[tɛlevi:zijas skati:ta:js]
programa (m) de TV	televīzijas raidījums (v)	[tɛlevi:zijas raidi:jums]

137. Fotografia

máquina (f) fotográfica	fotoaparāts (v)	[fotoapara:ts]
foto, fotografia (f)	foto (v)	[foto]

fotógrafo (m)	fotogrāfs (v)	[fotogra:fs]
estúdio (m) fotográfico	fotostudija (s)	[fotostudija]
álbum (m) de fotografias	fotoalbums (v)	[fotoalbums]

objetiva (f)	objektīvs (v)	[ɔbjekti:vs]
teleobjetiva (f)	teleobjektīvs (v)	[tɛleobjekti:vs]
filtro (m)	filtrs (v)	[filtrs]
lente (f)	lēca (s)	[le:tsa]

ótica (f)	optika (s)	[ɔptika]
abertura (f)	diafragma (s)	[diafragma]
exposição (f)	izturējums (v)	[izture:jums]
visor (m)	vizieris (v)	[viziɛris]

câmara (f) digital	ciparkamera (s)	[tsiparkamɛra]
tripé (m)	statīvs (v)	[stati:vs]
flash (m)	zibsnis (v)	[zibsnis]

fotografar (vt)	fotografēt	[fotografe:t]
tirar fotos	fotografēt	[fotografe:t]
fotografar-se	fotografēties	[fotografe:tiɛs]

foco (m)	asums (v)	[asums]
focar (vt)	noregulēt asumu	[nɔrɛgule:t asumu]
nítido	ass	[as]
nitidez (f)	asums (v)	[asums]

contraste (m)	kontrasts (v)	[kontrasts]
contrastante	kontrasta	[kontrasta]

retrato (m)	attēls (v)	[attɛ:ls]
negativo (m)	negatīvs (v)	[nɛgati:vs]
filme (m)	filma (s)	[filma]
fotograma (m)	kadrs (v)	[kadrs]
imprimir (vt)	drukāt	[druka:t]

138. Praia. Natação

praia (f)	pludmale (s)	[pludmale]
areia (f)	smiltis (s dsk)	[smiltis]
deserto	tukšs	[tukʃs]
bronzeado (m)	iedegums (v)	[iɛdɛgums]
bronzear-se (vr)	sauļoties	[sauļʲotiɛs]
bronzeado	nosauļojies	[nɔsauļʲojiɛs]
protetor (m) solar	sauļošanas krēms (v)	[sauļʲɔʃanas kre:ms]
biquíni (m)	bikini (v)	[bikini]
fato (m) de banho	peldkostīms (v)	[peldkɔsti:ms]
calção (m) de banho	peldbikses (s dsk)	[peldbikses]
piscina (f)	baseins (v)	[basɛins]
nadar (vi)	peldēt	[pelde:t]
duche (m)	duša (s)	[duʃa]
mudar de roupa	pārģērbties	[pa:rdʲe:rbtiɛs]
toalha (f)	dvielis (v)	[dviɛlis]
barco (m)	laiva (s)	[laiva]
lancha (f)	kuteris (v)	[kuteris]
esqui (m) aquático	ūdensslēpes (s dsk)	[u:denslɛ:pes]
barco (m) de pedais	ūdens ritenis (v)	[u:dens ritenis]
surf (m)	sērfings (v)	[se:rfiŋgs]
surfista (m)	sērfotājs (v)	[se:rfɔta:js]
equipamento (m) de mergulho	akvalangs (v)	[akvalaŋgs]
barbatanas (f pl)	peldpleznas (s dsk)	[peldpleznas]
máscara (f)	maska (s)	[maska]
mergulhador (m)	nirējs (v)	[nire:js]
mergulhar (vi)	nirt	[nirt]
debaixo d'água	zem ūdens	[zem u:dens]
guarda-sol (m)	lietussargs (v)	[liɛtusargs]
espreguiçadeira (f)	guļamkrēsls (v)	[guļamkre:sls]
óculos (m pl) de sol	brilles (s dsk)	[brilles]
colchão (m) de ar	peldmatracis (v)	[peldmatratsis]
brincar (vi)	spēlēt	[spɛ:le:t]
ir nadar	peldēties	[pelde:tiɛs]
bola (f) de praia	bumba (s)	[bumba]
encher (vt)	piepūst	[piɛpu:st]
inflável, de ar	piepūšams	[piɛpu:ʃams]
onda (f)	vilnis (v)	[vilnis]
boia (f)	boja (s)	[bɔja]
afogar-se (pessoa)	slīkt	[sli:kt]
salvar (vt)	glābt	[gla:bt]
colete (m) salva-vidas	glābšanas veste (s)	[gla:bʃanas veste]
observar (vt)	novērot	[nɔve:rɔt]
nadador-salvador (m)	glābējs (v)	[gla:be:js]

EQUIPAMENTO TÉCNICO. TRANSPORTES

Equipamento técnico. Transportes

139. Computador

computador (m)	dators (v)	[dators]
portátil (m)	portatīvais dators (v)	[portati:vais dators]
ligar (vt)	ieslēgt	[iɛsle:gt]
desligar (vt)	izslēgt	[izsle:gt]
teclado (m)	tastatūra (s)	[tastatu:ra]
tecla (f)	taustiņš (v)	[taustiɲʃ]
rato (m)	pele (s)	[pɛle]
tapete (m) de rato	paliktnis (v)	[paliktnis]
botão (m)	poga (s)	[poga]
cursor (m)	kursors (v)	[kursors]
monitor (m)	monitors (v)	[monitors]
ecrã (m)	ekrāns (v)	[ekra:ns]
disco (m) rígido	cietais disks (v)	[tsiɛtais disks]
capacidade (f) do disco rígido	cieta diska apjoms (v)	[tsiɛta diska apjoms]
memória (f)	atmiņa (s)	[atmiɲa]
memória RAM (f)	operatīvā atmiņa (s)	[opɛrati:va: atmiɲa]
ficheiro (m)	datne (s)	[datne]
pasta (f)	mape (s)	[mape]
abrir (vt)	atvērt	[atve:rt]
fechar (vt)	aizvērt	[aizve:rt]
guardar (vt)	saglabāt	[saglaba:t]
apagar, eliminar (vt)	izdzēst	[izdze:st]
copiar (vt)	nokopēt	[nokope:t]
ordenar (vt)	šķirot	[ʃtʲirot]
copiar (vt)	pārrakstīt	[pa:rraksti:t]
programa (m)	programma (s)	[programma]
software (m)	programmatūra (s)	[programmatu:ra]
programador (m)	programmētājs (v)	[programmɛ:ta:js]
programar (vt)	programmēt	[programme:t]
hacker (m)	hakeris (v)	[xakeris]
senha (f)	parole (s)	[parole]
vírus (m)	vīruss (v)	[vi:rus]
detetar (vt)	atrast, uziet	[atrast], [uziɛt]
byte (m)	baits (v)	[baits]

megabyte (m)	**megabaits** (v)	[mɛgabaits]
dados (m pl)	**dati** (v dsk)	[dati]
base (f) de dados	**datu bāze** (s)	[datu ba:ze]

cabo (m)	**kabelis** (v)	[kabelis]
desconectar (vt)	**atvienot**	[atviɛnɔt]
conetar (vt)	**pievienot**	[piɛviɛnɔt]

140. Internet. E-mail

internet (f)	**internets** (v)	[internets]
browser (m)	**pārlūka programma** (s)	[pa:rlu:ka prɔgramma]
motor (m) de busca	**meklēšanas resurss** (v)	[mekle:ʃanas rɛsurs]
provedor (m)	**provaiders** (v)	[prɔvaidɛrs]

webmaster (m)	**tīmekļa meistars** (v)	[ti:meklʲa mɛistars]
website, sítio web (m)	**saits** (v)	[saits]
página (f) web	**tīmekļa lappuse** (s)	[ti:meklʲa lappuse]

endereço (m)	**adrese** (s)	[adrɛse]
livro (m) de endereços	**adrešu grāmata** (s)	[adreʃu gra:mata]

caixa (f) de correio	**pastkastīte** (s)	[pastkasti:te]
correio (m)	**pasts** (v)	[pasts]
cheia (caixa de correio)	**pārpildīts**	[pa:rpildi:ts]

mensagem (f)	**ziņojums** (v)	[ziɲɔjums]
mensagens (f pl) recebidas	**ienākošie ziņojumi** (v dsk)	[iɛna:kɔʃiɛ ziɲɔjumi]
mensagens (f pl) enviadas	**aizsūtītie ziņojumi** (v dsk)	[aizsu:ti:tiɛ ziɲɔjumi]

remetente (m)	**sūtītājs** (v)	[su:ti:ta:js]
enviar (vt)	**nosūtīt**	[nɔsu:ti:t]
envio (m)	**aizsūtīšana** (s)	[aizsu:ti:ʃana]

destinatário (m)	**saņēmējs** (v)	[saɲɛ:me:js]
receber (vt)	**saņemt**	[saɲemt]

correspondência (f)	**sarakste** (s)	[sarakste]
corresponder-se (vr)	**sarakstīties**	[saraksti:tiɛs]

ficheiro (m)	**datne** (s)	[datne]
fazer download, baixar	**novilkt**	[nɔvilkt]
criar (vt)	**izveidot**	[izvɛidɔt]
apagar, eliminar (vt)	**izdzēst**	[izdze:st]
eliminado	**izdzēstais**	[izdze:stais]

conexão (f)	**sakars** (v)	[sakars]
velocidade (f)	**ātrums** (v)	[a:trums]
modem (m)	**modems** (v)	[mɔdems]
acesso (m)	**pieeja** (s)	[piɛeja]
porta (f)	**pieslēgvieta** (s)	[piɛsle:gviɛta]

conexão (f)	**pieslēgšana** (s)	[piɛsle:gʃana]
conetar (vi)	**pieslēgties**	[piɛsle:gtiɛs]

| escolher (vt) | izvēlēties | [izvɛ:le:tiɛs] |
| buscar (vt) | meklēt ... | [mekle:t ...] |

Transportes

141. Avião

avião (m)	lidmašīna (s)	[lidmaʃiːna]
bilhete (m) de avião	aviobiļete (s)	[aviobilʲɛte]
companhia (f) aérea	aviokompānija (s)	[aviokɔmpaːnija]
aeroporto (m)	lidosta (s)	[lidɔsta]
supersónico	virsskaņas	[virskaɲas]
comandante (m) do avião	kuģa komandieris (v)	[kudʲa komandiɛris]
tripulação (f)	apkalpe (s)	[apkalpe]
piloto (m)	pilots (v)	[pilɔts]
hospedeira (f) de bordo	stjuarte (s)	[stjuarte]
copiloto (m)	stūrmanis (v)	[stuːrmanis]
asas (f pl)	spārni (v dsk)	[spaːrni]
cauda (f)	aste (s)	[aste]
cabine (f) de pilotagem	kabīne (s)	[kabiːne]
motor (m)	dzinējs (v)	[dzineːjs]
trem (m) de aterragem	šasija (s)	[ʃasija]
turbina (f)	turbīna (s)	[turbiːna]
hélice (f)	propelleris (v)	[prɔpelleris]
caixa-preta (f)	melnā kaste (s)	[melna: kaste]
coluna (f) de controlo	stūres rats (v)	[stuːres rats]
combustível (m)	degviela (s)	[degviɛla]
instruções (f pl) de segurança	instrukcija (s)	[instruktsija]
máscara (f) de oxigénio	skābekļa maska (s)	[skaːbeklʲa maska]
uniforme (m)	uniforma (s)	[unifɔrma]
colete (m) salva-vidas	glābšanas veste (s)	[glaːbʃanas veste]
paraquedas (m)	izpletnis (v)	[izpletnis]
descolagem (f)	pacelšanās (s dsk)	[patselʃanaːs]
descolar (vi)	pacelties	[patseltiɛs]
pista (f) de descolagem	skrejceļš (v)	[skrejtselʲʃ]
visibilidade (f)	redzamība (s)	[redzamiːba]
voo (m)	lidojums (v)	[lidɔjums]
altura (f)	augstums (v)	[augstums]
poço (m) de ar	gaisa bedre (s)	[gaisa bedre]
assento (m)	sēdeklis (v)	[sɛːdeklis]
auscultadores (m pl)	austiņas (s dsk)	[austiɲas]
mesa (f) rebatível	galdiņš (v)	[galdiɲʃ]
vigia (f)	iluminators (v)	[iluminatɔrs]
passagem (f)	eja (s)	[eja]

142. Comboio

comboio (m)	vilciens (v)	[viltsiɛns]
comboio (m) suburbano	elektrovilciens (v)	[ɛlektrɔviltsiɛns]
comboio (m) rápido	ātrvilciens (v)	[a:trviltsiɛns]
locomotiva (f) diesel	dīze‖lokomotīve (s)	[di:zelʲlɔkɔmɔti:ve]
locomotiva (f) a vapor	lokomotīve (s)	[lɔkɔmɔti:ve]
carruagem (f)	vagons (v)	[vagɔns]
carruagem restaurante (f)	restorānvagons (v)	[restɔra:nvagɔns]
carris (m pl)	sliedes (s dsk)	[sliɛdes]
caminho de ferro (m)	dzelzce‖š (v)	[dzelztselʲʃ]
travessa (f)	gulsnis (v)	[gulsnis]
plataforma (f)	platforma (s)	[platfɔrma]
linha (f)	ce‖š (v)	[tselʲʃ]
semáforo (m)	semafors (v)	[sɛmafɔrs]
estação (f)	stacija (s)	[statsija]
maquinista (m)	mašīnists (v)	[maʃi:nists]
bagageiro (m)	nesējs (v)	[nɛse:js]
hospedeiro, -a (da carruagem)	pavadonis (v)	[pavadɔnis]
passageiro (m)	pasažieris (v)	[pasaʒiɛris]
revisor (m)	kontrolieris (v)	[kɔntrɔliɛris]
corredor (m)	koridors (v)	[kɔridɔrs]
freio (m) de emergência	stop-krāns (v)	[stɔp-kra:ns]
compartimento (m)	kupeja (s)	[kupeja]
cama (f)	plaukts (v)	[plaukts]
cama (f) de cima	augšējais plaukts (v)	[augʃe:jais plaukts]
cama (f) de baixo	apakšējais plaukts (v)	[apakʃe:jais plaukts]
roupa (f) de cama	gultas ve‖a (s)	[gultas vɛlʲa]
bilhete (m)	bi‖ete (s)	[bilʲɛte]
horário (m)	saraksts (v)	[saraksts]
painel (m) de informação	tablo (v)	[tablɔ]
partir (vt)	atiet	[atiɛt]
partida (f)	atiešana (s)	[atiɛʃana]
chegar (vi)	ierasties	[iɛrastiɛs]
chegada (f)	pienākšana (s)	[piɛna:kʃana]
chegar de comboio	atbraukt ar vilcienu	[atbraukt ar viltsiɛnu]
apanhar o comboio	iekāpt vilcienā	[iɛka:pt viltsiɛna:]
sair do comboio	izkāpt no vilciena	[izka:pt nɔ viltsiɛna]
acidente (m) ferroviário	katastrofa (s)	[katastrɔfa]
descarrilar (vi)	noskriet no sliedēm	[nɔskriɛt nɔ sliɛde:m]
locomotiva (f) a vapor	lokomotīve (s)	[lɔkɔmɔti:ve]
fogueiro (m)	kurinātājs (v)	[kurina:ta:js]
fornalha (f)	kurtuve (s)	[kurtuve]
carvão (m)	ogles (s dsk)	[ɔgles]

131

143. Barco

| navio (m) | kuģis (v) | [kudʲis] |
| embarcação (f) | kuģis (v) | [kudʲis] |

vapor (m)	tvaikonis (v)	[tvaikɔnis]
navio (m)	motorkuģis (v)	[mɔtɔrkudʲis]
transatlântico (m)	laineris (v)	[laineris]
cruzador (m)	kreiseris (v)	[krɛiseris]

iate (m)	jahta (s)	[jaxta]
rebocador (m)	velkonis (v)	[velkɔnis]
barcaça (f)	barža (s)	[barʒa]
ferry (m)	prāmis (v)	[pra:mis]

| veleiro (m) | burinieks (v) | [buriniɛks] |
| bergantim (m) | brigantīna (s) | [briganti:na] |

| quebra-gelo (m) | ledlauzis (v) | [ledlauzis] |
| submarino (m) | zemūdene (s) | [zɛmu:dɛne] |

bote, barco (m)	laiva (s)	[laiva]
bote, dingue (m)	laiva (s)	[laiva]
bote (m) salva-vidas	glābšanas laiva (s)	[gla:bʃanas laiva]
lancha (f)	kuteris (v)	[kuteris]

capitão (m)	kapteinis (v)	[kaptɛinis]
marinheiro (m)	matrozis (v)	[matrɔzis]
marujo (m)	jūrnieks (v)	[ju:rniɛks]
tripulação (f)	apkalpe (s)	[apkalpe]

contramestre (m)	bocmanis (v)	[bɔtsmanis]
grumete (m)	junga (v)	[juŋga]
cozinheiro (m) de bordo	kuģa pavārs (v)	[kudʲa pava:rs]
médico (m) de bordo	kuģa ārsts (v)	[kudʲa a:rsts]

convés (m)	klājs (v)	[kla:js]
mastro (m)	masts (v)	[masts]
vela (f)	bura (s)	[bura]

porão (m)	tilpne (s)	[tilpne]
proa (f)	priekšgals (v)	[priɛkʃgals]
popa (f)	pakaļgals (v)	[pakalʲgals]
remo (m)	airis (v)	[airis]
hélice (f)	dzenskrūve (s)	[dzenskru:ve]

camarote (m)	kajīte (s)	[kaji:te]
sala (f) dos oficiais	kopkajīte (s)	[kɔpkaji:te]
sala (f) das máquinas	mašīnu nodaļa (s)	[maʃi:nu nɔdalʲa]
ponte (m) de comando	komandtiltiņš (v)	[kɔmandtiltiɲʃ]
sala (f) de comunicações	radio telpa (s)	[radiɔ telpa]
onda (f) de rádio	vilnis (v)	[vilnis]
diário (m) de bordo	kuģa žurnāls (v)	[kudʲa ʒurna:ls]
luneta (f)	tālskatis (v)	[ta:lskatis]
sino (m)	zvans (v)	[zvans]

bandeira (f)	karogs (v)	[karɔgs]
cabo (m)	tauva (s)	[tauva]
nó (m)	mezgls (v)	[mezgls]
corrimão (m)	rokturis (v)	[rɔkturis]
prancha (f) de embarque	traps (v)	[traps]
âncora (f)	enkurs (v)	[enkurs]
recolher a âncora	pacelt enkuru	[patselt enkuru]
lançar a âncora	izmest enkuru	[izmest enkuru]
amarra (f)	enkurķēde (s)	[enkurtʲɛːde]
porto (m)	osta (s)	[ɔsta]
cais, amarradouro (m)	piestātne (s)	[piɛstaːtne]
atracar (vi)	pietauvot	[piɛtauvɔt]
desatracar (vi)	atiet no krasta	[atiɛt nɔ krasta]
viagem (f)	ceļojums (v)	[tselʲɔjums]
cruzeiro (m)	kruīzs (v)	[kruiːzs]
rumo (m), rota (f)	kurss (v)	[kurs]
itinerário (m)	maršruts (v)	[marʃruts]
canal (m) navegável	kuģu ceļš (v)	[kudʲu tselʲʃ]
banco (m) de areia	sēklis (v)	[seːklis]
encalhar (vt)	uzsēsties uz sēkļa	[uzseːsties uz seːklʲa]
tempestade (f)	vētra (s)	[veːtra]
sinal (m)	signāls (v)	[signaːls]
afundar-se (vr)	grimt	[grimt]
Homem ao mar!	Cilvēks aiz borta!	[tsilveːks aiz bɔrta!]
SOS	SOS	[sɔs]
boia (f) salva-vidas	glābšanas riņķis (v)	[glaːbʃanas riɲtʲis]

144. Aeroporto

aeroporto (m)	lidosta (s)	[lidɔsta]
avião (m)	lidmašīna (s)	[lidmaʃiːna]
companhia (f) aérea	aviokompānija (s)	[aviɔkɔmpaːnija]
controlador (m) de tráfego aéreo	dispečers (v)	[dispetʃɛrs]
partida (f)	izlidojums (v)	[izlidɔjums]
chegada (f)	atlidošana (s)	[atlidɔʃana]
chegar (~ de avião)	atlidot	[atlidɔt]
hora (f) de partida	izlidojuma laiks (v)	[izlidɔjuma laiks]
hora (f) de chegada	atlidošanās laiks (v)	[atlidɔʃanaːs laiks]
estar atrasado	kavēties	[kaveːtiɛs]
atraso (m) de voo	izlidojuma aizkavēšanās (s dsk)	[izlidɔjuma aizkaveːʃanaːs]
painel (m) de informação	informācijas tablo (v)	[infɔrmaːtsijas tablɔ]
informação (f)	informācija (s)	[infɔrmaːtsija]

| anunciar (vt) | paziņot | [paziɲɔt] |
| voo (m) | reiss (v) | [rɛis] |

| alfândega (f) | muita (s) | [muita] |
| funcionário (m) da alfândega | muitas ierēdnis (v) | [muitas iɛre:dnis] |

declaração (f) alfandegária	muitas deklerācija (s)	[muitas deklɛra:tsija]
preencher (vt)	aizpildīt	[aizpildi:t]
preencher a declaração	aizpildīt deklarāciju	[aizpildi:t deklara:tsiju]
controlo (m) de passaportes	pasu kontrole (s)	[pasu kɔntrɔle]

bagagem (f)	bagāža (s)	[baga:ʒa]
bagagem (f) de mão	rokas bagāža (s)	[rɔkas baga:ʒa]
carrinho (m)	bagāžas ratiņi (v dsk)	[baga:ʒas ratiɲi]

aterragem (f)	nolaišanās (s dsk)	[nɔlaiʃana:s]
pista (f) de aterragem	nosēšanās josla (s)	[nɔse:ʃana:s jɔsla]
aterrar (vi)	nosēsties	[nɔse:stiɛs]
escada (f) de avião	traps (v)	[traps]

check-in (m)	reģistrācija (s)	[redʲistra:tsija]
balcão (m) do check-in	reģistrācijas galdiņš (v)	[redʲistra:tsijas galdiɲʃ]
fazer o check-in	piereģistrēties	[piɛredʲistre:tiɛs]
cartão (m) de embarque	iekāpšanas talons (v)	[iɛka:pʃanas talɔns]
porta (f) de embarque	izeja (s)	[izeja]

trânsito (m)	tranzīts (v)	[tranzi:ts]
esperar (vi, vt)	gaidīt	[gaidi:t]
sala (f) de espera	uzgaidāmā telpa (s)	[uzgaida:ma: telpa]
despedir-se de ...	aizvadīt	[aizvadi:t]
despedir-se (vr)	atvadīties	[atvadi:tiɛs]

145. Bicicleta. Motocicleta

bicicleta (f)	divritenis (v)	[divritenis]
scotter, lambreta (f)	motorollers (v)	[mɔtɔrɔllɛrs]
mota (f)	motocikls (v)	[mɔtɔtsikls]

ir de bicicleta	braukt ar divriteni	[braukt ar divriteni]
guiador (m)	stūre (s)	[stu:re]
pedal (m)	pedālis (v)	[pɛda:lis]
travões (m pl)	bremzes (s dsk)	[bremzes]
selim (m)	sēdeklis (v)	[sɛ:deklis]

| bomba (f) de ar | sūknis (v) | [su:knis] |
| porta-bagagens (m) | bagāžnieks (v) | [baga:ʒniɛks] |

| lanterna (f) | lukturis (v) | [lukturis] |
| capacete (m) | ķivere (s) | [tʲivɛre] |

roda (f)	ritenis (v)	[ritenis]
guarda-lamas (m)	spārns (v)	[spa:rns]
aro (m)	riteņa stīpa (s)	[riteɲa sti:pa]
raio (m)	spieķis (v)	[spiɛtʲis]

Carros

146. Tipos de carros

carro, automóvel (m)	automobilis (v)	[automobilis]
carro (m) desportivo	sporta automobilis (v)	[sporta automobilis]
limusine (f)	limuzīns (v)	[limuzi:ns]
todo o terreno (m)	apvidus automašīna (s)	[apvidus automaʃi:na]
descapotável (m)	kabriolets (v)	[kabriolets]
minibus (m)	mikroautobuss (v)	[mikroautobus]
ambulância (f)	ātrā palīdzība (s)	[a:tra: pali:dzi:ba]
limpa-neve (m)	sniega novākšanas mašīna (s)	[sniɛga nova:kʃanas maʃi:na]
camião (m)	kravas automašīna (s)	[kravas automaʃi:na]
camião-cisterna (m)	autocisterna (s)	[autotsisterna]
carrinha (f)	furgons (v)	[furgons]
camião-trator (m)	vilcējs (v)	[viltse:js]
atrelado (m)	piekabe (s)	[piɛkabe]
confortável	komfortabls	[komfortabls]
usado	lietots	[liɛtots]

147. Carros. Carroçaria

capô (m)	pārsegs (v)	[pa:rsegs]
guarda-lamas (m)	spārns (v)	[spa:rns]
tejadilho (m)	jumts (v)	[jumts]
para-brisa (m)	priekšējais stikls (v)	[priɛkʃe:jais stikls]
espelho (m) retrovisor	atpakaļskata spogulis (v)	[atpakalʲskata spogulis]
lavador (m)	mazgātājs (v)	[mazga:ta:js]
limpa-para-brisas (m)	stikla tīrītāji (v dsk)	[stikla ti:ri:ta:ji]
vidro (m) lateral	sānu stikls (v)	[sa:nu stikls]
elevador (m) do vidro	stikla celājs (v)	[stikla tsɛla:js]
antena (f)	antena (s)	[antɛna]
teto solar (m)	lūka (s)	[lu:ka]
para-choques (m pl)	buferis (v)	[buferis]
bagageira (f)	bagāžnieks (v)	[baga:ʒniɛks]
bagageira (f) de tejadilho	jumta bagāžas plaukts (v)	[jumta baga:ʒas plaukts]
porta (f)	durvis (s dsk)	[durvis]
maçaneta (f)	rokturis (v)	[rokturis]
fechadura (f)	slēdzis (v)	[sle:dzis]
matrícula (f)	numurs (v)	[numurs]

silenciador (m)	slāpētājs (v)	[sla:pɛ:ta:js]
tanque (m) de gasolina	benzīna tvertne (s)	[benzi:na tvertne]
tubo (m) de escape	izplūdes caurule (s)	[izplu:des tsaurule]

acelerador (m)	gāze (s)	[ga:ze]
pedal (m)	pedālis (v)	[pɛda:lis]
pedal (m) do acelerador	gāzes pedālis (v)	[ga:zes pɛda:lis]

travão (m)	bremze (s)	[bremze]
pedal (m) do travão	bremžu pedālis (v)	[bremʒu pɛda:lis]
travar (vt)	bremzēt	[bremze:t]
travão (m) de mão	stāvbremze (s)	[sta:vbremze]

embraiagem (f)	sajūgs (v)	[saju:gs]
pedal (m) da embraiagem	sajūga pedālis (v)	[saju:ga pɛda:lis]
disco (m) de embraiagem	sajūga disks (v)	[saju:ga disks]
amortecedor (m)	amortizators (v)	[amɔrtizatɔrs]

roda (f)	ritenis (v)	[ritenis]
pneu (m) sobresselente	rezerves ritenis (v)	[rɛzerves ritenis]
pneu (m)	riepa (s)	[riɛpa]
tampão (m) de roda	kalpaks (v)	[kalpaks]

rodas (f pl) motrizes	vadošie riteni (v dsk)	[vadɔʃiɛ riteni]
de tração dianteira	priekšējās piedziņas	[priɛkʃe:ja:s piɛdziŋas]
de tração traseira	pakaļējās piedziņas	[pakalʲe:ja:s piɛdziŋas]
de tração às 4 rodas	pilnpiedziņas	[pilnpiɛdziŋas]

caixa (f) de mudanças	ātruma kārba (s)	[a:truma ka:rba]
automático	automātisks	[autɔma:tisks]
mecânico	mehānisks	[mexa:nisks]
alavanca (f) das mudanças	pārnesumsvira (s)	[pa:rnɛsumsvira]

farol (m)	lukturis (v)	[lukturis]
faróis, luzes	lukturi (v dsk)	[lukturi]

médios (m pl)	tuvā gaisma (s)	[tuva: gaisma]
máximos (m pl)	tālā gaisma (s)	[ta:la: gaisma]
luzes (f pl) de stop	bremžu gaismas (s dsk)	[bremʒu gaismas]

mínimos (m pl)	gabarītugunis (s dsk)	[gabari:tugunis]
luzes (f pl) de emergência	avārijas ugunis (s dsk)	[ava:rijas ugunis]
faróis (m pl) antinevoeiro	miglas lukturi (v dsk)	[miglas lukturi]
pisca-pisca (m)	pagrieziena lukturis (v)	[pagriɛziɛna lukturis]
luz (f) de marcha atrás	atpakaļgaitas gaismas (s dsk)	[atpakalʲgaitas gaismas]

148. Carros. Habitáculo

interior (m) do carro	salons (v)	[salɔns]
de couro, de pele	ādas	[a:das]
de veludo	velūra	[vɛlu:ra]
estofos (m pl)	apdare (s)	[apdare]
indicador (m)	ierīce (s)	[iɛri:tse]
painel (m) de instrumentos	panelis (v)	[panelis]

velocímetro (m)	spidometrs (v)	[spidɔmetrs]
ponteiro (m)	bulta (s)	[bulta]

conta-quilómetros (m)	skaitītājs (v)	[skaiti:ta:js]
sensor (m)	devējs (v)	[dɛve:js]
nível (m)	līmenis (v)	[li:menis]
luz (f) avisadora	lampiņa (s)	[lampiɲa]

volante (m)	stūres rats (v)	[stu:res rats]
buzina (f)	skaņu signāls (v)	[skaɲu signa:ls]
botão (m)	poga (s)	[pɔga]
interruptor (m)	pārslēdzējs (v)	[pa:rsle:dze:js]

assento (m)	sēdeklis (v)	[sɛ:deklis]
costas (f pl) do assento	atzveltne (s)	[atzveltne]
cabeceira (f)	galvturis (v)	[galvturis]
cinto (m) de segurança	drošības josta (s)	[drɔʃi:bas jɔsta]
apertar o cinto	piesprādzēt jostu	[piɛspra:dze:t jɔstu]
regulação (f)	regulēšana (s)	[rɛgule:ʃana]

airbag (m)	gaisa spilvens (v)	[gaisa spilvens]
ar (m) condicionado	kondicionētājs (v)	[kɔnditsiɔnɛ:ta:js]

rádio (m)	radio (v)	[radiɔ]
leitor (m) de CD	CD atskaņotājs (v)	[tsd atskaɲɔta:js]
ligar (vt)	ieslēgt	[iɛsle:gt]
antena (f)	antena (s)	[antɛna]
porta-luvas (m)	cimdu nodalījums (v)	[tsimdu nɔdali:jums]
cinzeiro (m)	pelnu trauks (v)	[pelnu trauks]

149. Carros. Motor

motor (m)	motors (v)	[mɔtɔrs]
diesel	dīzeļ-	[di:zelʲ-]
a gasolina	benzīna	[benzi:na]

cilindrada (f)	dzinēja apjoms (v)	[dzine:ja apjɔms]
potência (f)	jauda (s)	[jauda]
cavalo-vapor (m)	zirgspēks (v)	[zirgspe:ks]
pistão (m)	virzulis (v)	[virzulis]
cilindro (m)	cilindrs (v)	[tsilindrs]
válvula (f)	vārsts (v)	[va:rsts]

injetor (m)	inžektors (v)	[inʒektɔrs]
gerador (m)	ģenerators (v)	[dʲɛnɛratɔrs]
carburador (m)	karburators (v)	[karburatɔrs]
óleo (m) para motor	motoreļļa (s)	[mɔtɔrelʲlʲa]

radiador (m)	radiators (v)	[radiatɔrs]
refrigerante (m)	dzesēšanas šķidrums (v)	[dzɛse:ʃanas ʃtʲidrums]
ventilador (m)	ventilators (v)	[ventilatɔrs]

bateria (f)	akumulators (v)	[akumulatɔrs]
dispositivo (m) de arranque	starteris (v)	[starteris]

ignição (f)	aizdedze (s)	[aizdedze]
vela (f) de ignição	aizdedzes svece (s)	[aizdedzes svetse]
borne (m)	pieslēgs (v)	[piɛsle:gs]
borne (m) positivo	pluss (v)	[plus]
borne (m) negativo	mīnuss (v)	[mi:nus]
fusível (m)	drošinātājs (v)	[drɔʃina:ta:js]
filtro (m) de ar	gaisa filtrs (v)	[gaisa filtrs]
filtro (m) de óleo	eļļas filtrs (v)	[ellʲas filtrs]
filtro (m) de combustível	degvielas filtrs (v)	[degviɛlas filtrs]

150. Carros. Batidas. Reparação

acidente (m) de carro	avārija (s)	[ava:rija]
acidente (m) rodoviário	ceļa negadījums (v)	[tsɛlʲa nɛgadi:jums]
ir contra ...	ietriekties	[iɛtriɛktiɛs]
sofrer um acidente	sasisties	[sasistiɛs]
danos (m pl)	bojājums (v)	[bɔja:jums]
intato	vesels	[vɛsɛls]
avaria (no motor, etc.)	bojājums (v)	[bɔja:jums]
avariar (vi)	salūzt	[salu:zt]
cabo (m) de reboque	trose (s)	[trɔse]
furo (m)	caurums (v)	[tsaurums]
estar furado	izlaist gaisu	[izlaist gaisu]
encher (vt)	piesūknēt	[piɛsu:kne:t]
pressão (f)	spiediens (v)	[spiɛdiɛns]
verificar (vt)	pārbaudīt	[pa:rbaudi:t]
reparação (f)	remonts (v)	[remɔnts]
oficina (f)	remontdarbnīca (s)	[remɔntdarbni:tsa]
de reparação de carros		
peça (f) sobresselente	rezerves daļa (s)	[rɛzerves dalʲa]
peça (f)	detaļa (s)	[dɛtalʲa]
parafuso (m)	skrūve (s)	[skru:ve]
parafuso (m)	skrūve (s)	[skru:ve]
porca (f)	uzgrieznis (v)	[uzgriɛznis]
anilha (f)	paplāksne (s)	[papla:ksne]
rolamento (m)	gultnis (v)	[gultnis]
tubo (m)	caurulīte (s)	[tsauruli:te]
junta (f)	paplāksne (s)	[papla:ksne]
fio, cabo (m)	vads (v)	[vads]
macaco (m)	domkrats (v)	[dɔmkrats]
chave (f) de boca	uzgriežņu atslēga (s)	[uzgriɛʒɲu atslɛ:ga]
martelo (m)	āmurs (v)	[a:murs]
bomba (f)	sūknis (v)	[su:knis]
chave (f) de fendas	skrūvgriezis (v)	[skru:vgriɛzis]
extintor (m)	ugunsdzēšamais aparāts (v)	[ugunsdze:ʃamais apara:ts]

triângulo (m) de emergência	avārijas trīsstūris (v)	[ava:rijas tri:stu:ris]
parar (vi) (motor)	slāpt	[sla:pt]
paragem (f)	apturēšana (s)	[apture:ʃana]
estar quebrado	būt salauztam	[bu:t salauztam]

superaquecer-se (vr)	pārkarst	[pa:rkarst]
entupir-se (vr)	aizsērēt	[aizsɛ:re:t]
congelar-se (vr)	sasalt	[sasalt]
rebentar (vi)	pārplīst	[pa:rpli:st]

pressão (f)	spiediens (v)	[spiɛdiɛns]
nível (m)	līmenis (v)	[li:menis]
frouxo	vājš	[va:jʃ]

mossa (f)	iespiedums (v)	[iɛspiɛdums]
ruído (m)	klaudzēšana (s)	[klaudze:ʃana]
fissura (f)	plaisa (s)	[plaisa]
arranhão (m)	ieskrambājums (v)	[iɛskramba:jums]

151. Carros. Estrada

estrada (f)	ceļš (v)	[tselʲʃ]
autoestrada (f)	automaģistrāle (s)	[automadʲistra:le]
rodovia (f)	šoseja (s)	[ʃoseja]
direção (f)	virziens (v)	[virziɛns]
distância (f)	attālums (v)	[atta:lums]

ponte (f)	tilts (v)	[tilts]
parque (m) de estacionamento	auto novietne (s)	[auto noviɛtne]
praça (f)	laukums (v)	[laukums]
nó (m) rodoviário	autoceļu šķērsojuma mezgls (v)	[autotsɛlʲu ʃtʲɛ:rsojuma mezgls]
túnel (m)	tunelis (v)	[tunelis]

posto (m) de gasolina	degvielas uzpildes stacija (s)	[degviɛlas uzpildes statsija]
parque (m) de estacionamento	autostāvvieta (s)	[autosta:vviɛta]
bomba (f) de gasolina	benzīntanks (v)	[benzi:ntanks]
oficina (f) de reparação de carros	remontdarbnīca (s)	[remontdarbni:tsa]
abastecer (vt)	uzpildīt	[uzpildi:t]
combustível (m)	degviela (s)	[degviɛla]
bidão (m) de gasolina	kanna (s)	[kanna]

asfalto (m)	asfalts (v)	[asfalts]
marcação (f) de estradas	brauktuves apzīmējumi (v dsk)	[brauktuves apzi:me:jumi]
lancil (m)	apmale (s)	[apmale]
proteção (f) guard-rail	nožogojums (v)	[noʒogojums]
valeta (f)	ceļa grāvis (v)	[tsɛlʲa gra:vis]
berma (f) da estrada	ceļmala (s)	[tselʲmala]
poste (m) de luz	stabs (v)	[stabs]
conduzir, guiar (vt)	vadīt	[vadi:t]
virar (ex. ~ à direita)	pagriezties	[pagriɛztiɛs]

dar retorno	apgriezties	[apgriɛztiɛs]
marcha-atrás (f)	atpakaļgaita (s)	[atpakalˈgaita]

buzinar (vi)	signalizēt	[signalize:t]
buzina (f)	skaņas signāls (v)	[skaɲas signa:ls]
atolar-se (vr)	iestrēgt	[iɛstre:gt]
patinar (na lama)	buksēt	[bukse:t]
desligar (vt)	apturēt	[apture:t]

velocidade (f)	ātrums (v)	[a:trums]
exceder a velocidade	pārsniegt ātrumu	[pa:rsniɛgt a:trumu]
multar (vt)	uzlikt sodu	[uzlikt sɔdu]
semáforo (m)	luksofors (v)	[luksɔfɔrs]
carta (f) de condução	vadītāja apliecība (s)	[vadi:ta:ja apliɛtsi:ba]

passagem (f) de nível	pārbrauktuve (s)	[pa:rbrauktuve]
cruzamento (m)	krustojums (v)	[krustɔjums]
passadeira (f)	gājēju pāreja (s)	[ga:je:ju pa:reja]
curva (f)	pagrieziens (v)	[pagriɛziɛns]
zona (f) pedonal	gājēju zona (s)	[ga:je:ju zɔna]

PESSOAS. EVENTOS

Eventos

152. Férias. Evento

festa (f)	svētki (v dsk)	[sve:tki]
festa (f) nacional	tautas svētki (v dsk)	[tautas sve:tki]
feriado (m)	svētku diena (s)	[sve:tku diɛna]
festejar (vt)	svinēt	[svine:t]
evento (festa, etc.)	notikums (v)	[nɔtikums]
evento (banquete, etc.)	pasākums (v)	[pasa:kums]
banquete (m)	bankets (v)	[bankets]
receção (f)	pieņemšana (s)	[piɛɲemʃana]
festim (m)	mielasts (v)	[miɛlasts]
aniversário (m)	gadadiena (s)	[gadadiɛna]
jubileu (m)	jubileja (s)	[jubileja]
celebrar (vt)	atzīmēt	[atzi:me:t]
Ano (m) Novo	Jaungads (v)	[jauŋgads]
Feliz Ano Novo!	Laimīgu Jauno gadu!	[laimi:gu jaunɔ gadu!]
Natal (m)	Ziemassvētki (v dsk)	[ziɛmasve:tki]
Feliz Natal!	Priecīgus Ziemassvētkus!	[priɛtsi:gus ziɛmasve:tkus!]
árvore (f) de Natal	Ziemassvētku eglīte (s)	[ziɛmasve:tku egli:te]
fogo (m) de artifício	salūts (v)	[salu:ts]
boda (f)	kāzas (s dsk)	[ka:zas]
noivo (m)	līgavainis (v)	[li:gavainis]
noiva (f)	līgava (s)	[li:gava]
convidar (vt)	ielūgt	[iɛlu:gt]
convite (m)	ielūgums (v)	[iɛlu:gums]
convidado (m)	viesis (v)	[viɛsis]
visitar (vt)	iet ciemos	[iɛt tsiɛmɔs]
receber os hóspedes	sagaidīt viesus	[sagaidi:t viɛsus]
presente (m)	dāvana (s)	[da:vana]
oferecer (vt)	dāvināt	[da:vina:t]
receber presentes	saņemt dāvanu	[saɲemt da:vanu]
ramo (m) de flores	ziedu pušķis (v)	[ziɛdu puʃʈis]
felicitações (f pl)	apsveikums (v)	[apsvɛikums]
felicitar (dar os parabéns)	apsveikt	[apsvɛikt]
cartão (m) de parabéns	apsveikuma atklātne (s)	[apsvɛikuma atkla:tne]
enviar um postal	nosūtīt atklātni	[nɔsu:ti:t atkla:tni]

receber um postal	saņemt atklātni	[saɲemt atkla:tni]
brinde (m)	tosts (v)	[tɔsts]
oferecer (vt)	uzcienāt	[uztsiɛna:t]
champanhe (m)	šampanietis (v)	[ʃampaniɛtis]

divertir-se (vr)	līksmot	[li:ksmɔt]
diversão (f)	jautrība (s)	[jautri:ba]
alegria (f)	prieks (v)	[priɛks]

| dança (f) | deja (s) | [deja] |
| dançar (vi) | dejot | [dejɔt] |

| valsa (f) | valsis (v) | [valsis] |
| tango (m) | tango (v) | [taŋgɔ] |

153. Funerais. Enterro

cemitério (m)	kapsēta (s)	[kapsɛ:ta]
sepultura (f), túmulo (m)	kaps (v)	[kaps]
cruz (f)	krusts (v)	[krusts]
lápide (f)	kapakmens (v)	[kapakmens]
cerca (f)	žogs (v)	[ʒɔgs]
capela (f)	kapela (s)	[kapɛla]

morte (f)	nāve (s)	[na:ve]
morrer (vi)	nomirt	[nɔmirt]
defunto (m)	nelaiķis (v)	[nɛlaitʲis]
luto (m)	sēras (s dsk)	[sɛ:ras]

enterrar, sepultar (vt)	apglabāt	[apglaba:t]
agência (f) funerária	apbedīšanas birojs (v)	[apbedi:ʃanas birɔjs]
funeral (m)	bēres (s dsk)	[bɛ:res]

coroa (f) de flores	vainags (v)	[vainags]
caixão (m)	zārks (v)	[za:rks]
carro (m) funerário	katafalks (v)	[katafalks]
mortalha (f)	līķauts (v)	[li:tʲauts]

procissão (f) funerária	bēru procesija (s)	[bɛ:ru prɔtsesija]
urna (f) funerária	urna (s)	[urna]
crematório (m)	krematorija (s)	[krɛmatɔrija]

obituário (m), necrologia (f)	nekrologs (v)	[nekrɔlɔgs]
chorar (vi)	raudāt	[rauda:t]
soluçar (vi)	skaļi raudāt	[skalʲi rauda:t]

154. Guerra. Soldados

pelotão (m)	vads (v)	[vads]
companhia (f)	rota (s)	[rɔta]
regimento (m)	pulks (v)	[pulks]
exército (m)	armija (s)	[armija]

divisão (f)	divīzija (s)	[divi:zija]
destacamento (m)	vienība (s)	[viɛni:ba]
hoste (f)	karaspēks (v)	[karaspe:ks]

soldado (m)	karavīrs (v)	[karavi:rs]
oficial (m)	virsnieks (v)	[virsniɛks]

soldado (m) raso	ierindnieks (v)	[iɛrindniɛks]
sargento (m)	seržants (v)	[serʒants]
tenente (m)	leitnants (v)	[lɛitnants]
capitão (m)	kapteinis (v)	[kaptɛinis]
major (m)	majors (v)	[majɔrs]
coronel (m)	pulkvedis (v)	[pulkvedis]
general (m)	ģenerālis (v)	[dⁱɛnɛra:lis]

marujo (m)	jūrnieks (v)	[ju:rniɛks]
capitão (m)	kapteinis (v)	[kaptɛinis]
contramestre (m)	bocmanis (v)	[bɔtsmanis]
artilheiro (m)	artilērists (v)	[artile:rists]
soldado (m) paraquedista	desantnieks (v)	[dɛsantniɛks]
piloto (m)	lidotājs (v)	[lidɔta:js]
navegador (m)	stūrmanis (v)	[stu:rmanis]
mecânico (m)	mehāniķis (v)	[mexa:nitⁱis]

sapador (m)	sapieris (v)	[sapiɛris]
paraquedista (m)	izpletņa lēcējs (v)	[izpletɲa le:tse:js]
explorador (m)	izlūks (v)	[izlu:ks]
franco-atirador (m)	snaiperis (v)	[snaiperis]

patrulha (f)	patruļa (s)	[patruļa]
patrulhar (vt)	patrulēt	[patrule:t]
sentinela (f)	sargs (v)	[sargs]
guerreiro (m)	karavīrs (v)	[karavi:rs]
patriota (m)	patriots (v)	[patriɔts]
herói (m)	varonis (v)	[varɔnis]
heroína (f)	varone (s)	[varɔne]

traidor (m)	nodevējs (v)	[nɔdɛve:js]
trair (vt)	nodot	[nɔdɔt]
desertor (m)	dezertieris (v)	[dɛzertiɛris]
desertar (vt)	dezertēt	[dɛzerte:t]

mercenário (m)	algotnis (v)	[algɔtnis]
recruta (m)	jauniesauktais (v)	[jauniɛsauktais]
voluntário (m)	brīvprātīgais (v)	[bri:vpra:ti:gais]

morto (m)	bojā gājušais (v)	[bɔja: ga:juʃais]
ferido (m)	ievainotais (v)	[iɛvainɔtais]
prisioneiro (m) de guerra	gūsteknis (v)	[gu:steknis]

155. Guerra. Ações militares. Parte 1

guerra (f)	karš (v)	[karʃ]
guerrear (vt)	karot	[karɔt]

guerra (f) civil	pilsoņu karš (v)	[pilsoņu karʃ]
perfidamente	nodevīgi	[nɔdevi:gi]
declaração (f) de guerra	kara pieteikšana (s)	[kara piɛtɛikʃana]
declarar (vt) guerra	pieteikt karu	[piɛtɛikt karu]
agressão (f)	agresija (s)	[agresija]
atacar (vt)	uzbrukt	[uzbrukt]
invadir (vt)	iebrukt	[iɛbrukt]
invasor (m)	iebrucējs (v)	[iɛbrutse:js]
conquistador (m)	iekarotājs (v)	[iɛkarɔta:js]
defesa (f)	aizsardzība (s)	[aizsardzi:ba]
defender (vt)	aizsargāt	[aizsarga:t]
defender-se (vr)	aizsargāties	[aizsarga:tiɛs]
inimigo (m)	ienaidnieks (v)	[iɛnaidniɛks]
adversário (m)	pretinieks (v)	[pretiniɛks]
inimigo	ienaidnieku	[iɛnaidniɛku]
estratégia (f)	stratēģija (s)	[strate:dʲija]
tática (f)	taktika (s)	[taktika]
ordem (f)	pavēle (s)	[pavɛ:le]
comando (m)	komanda (s)	[kɔmanda]
ordenar (vt)	pavēlēt	[pavɛ:le:t]
missão (f)	kara uzdevums (v)	[kara uzdɛvums]
secreto	slepens	[slɛpens]
batalha (f)	kauja (s)	[kauja]
combate (m)	cīņa (s)	[tsi:ɲa]
ataque (m)	uzbrukums (v)	[uzbrukums]
assalto (m)	trieciens (v)	[triɛtsiɛns]
assaltar (vt)	doties triecienā	[dɔties triɛtsiɛna:]
assédio, sítio (m)	aplenkums (v)	[aplenkums]
ofensiva (f)	uzbrukums (v)	[uzbrukums]
passar à ofensiva	uzbrukt	[uzbrukt]
retirada (f)	atkāpšanās (s dsk)	[atka:pʃana:s]
retirar-se (vr)	atkāpties	[atka:ptiɛs]
cerco (m)	aplenkums (v)	[aplenkums]
cercar (vt)	aplenkt	[aplenkt]
bombardeio (m)	bombardēšana (s)	[bɔmbarde:ʃana]
lançar uma bomba	nomest bumbu	[nɔmest bumbu]
bombardear (vt)	bombardēt	[bɔmbarde:t]
explosão (f)	sprādziens (v)	[spra:dziɛns]
tiro (m)	šāviens (v)	[ʃa:viɛns]
disparar um tiro	izšaut	[izʃaut]
tiroteio (m)	šaušana (s)	[ʃauʃana]
apontar para …	tēmēt uz …	[tɛ:me:t uz …]
apontar (vt)	tēmēt	[tɛ:me:t]

acertar (vt)	trāpīt	[tra:pi:t]
afundar (um navio)	nogremdēt	[nɔgremde:t]
brecha (f)	caurums (v)	[tsaurums]
afundar-se (vr)	grimt dibenā	[grimt dibɛna:]

frente (m)	fronte (s)	[frɔnte]
evacuação (f)	evakuācija (s)	[ɛvakua:tsija]
evacuar (vt)	evakuēt	[ɛvakue:t]

trincheira (f)	tranšeja (s)	[tranʃeja]
arame (m) farpado	dzeloņstieple (s)	[dzelɔŋstiɛple]
obstáculo (m) anticarro	nožogojums (v)	[nɔʒɔgɔjums]
torre (f) de vigia	tornis (v)	[tɔrnis]

hospital (m)	slimnīca (s)	[slimni:tsa]
ferir (vt)	ievainot	[iɛvainɔt]
ferida (f)	ievainojums (v)	[iɛvainɔjums]
ferido (m)	ievainotais (v)	[iɛvainɔtais]
ficar ferido	gūt ievainojumu	[gu:t iɛvainɔjumu]
grave (ferida ~)	smags ievainojums	[smags iɛvainɔjums]

156. Armas

arma (f)	ieroči (v dsk)	[iɛrɔtʃi]
arma (f) de fogo	šaujamieroči (v dsk)	[ʃaujamiɛrɔtʃi]
arma (f) branca	aukstie ieroči (v dsk)	[aukstiɛ iɛrɔtʃi]

arma (f) química	ķīmiskie ieroči (v dsk)	[tʲi:miskiɛ iɛrɔtʃi]
nuclear	kodolu	[kɔdɔlu]
arma (f) nuclear	kodolieroči (v dsk)	[kɔdɔliɛrɔtʃi]

| bomba (f) | bumba (s) | [bumba] |
| bomba (f) atómica | atombumba (s) | [atɔmbumba] |

pistola (f)	pistole (s)	[pistɔle]
caçadeira (f)	šautene (s)	[ʃautɛne]
pistola-metralhadora (f)	automāts (v)	[autɔma:ts]
metralhadora (f)	ložmetējs (v)	[lɔʒmɛte:js]

boca (f)	stops (v)	[stɔps]
cano (m)	stobrs (v)	[stɔbrs]
calibre (m)	kalibrs (v)	[kalibrs]

gatilho (m)	gailis (v)	[gailis]
mira (f)	tēmeklis (v)	[tɛ:meklis]
carregador (m)	magazīna (s)	[magazi:na]
coronha (f)	laide (s)	[laide]

| granada (f) de mão | granāta (s) | [grana:ta] |
| explosivo (m) | sprāgstviela (s) | [spra:gstviɛla] |

bala (f)	lode (s)	[lɔde]
cartucho (m)	patrona (s)	[patrɔna]
carga (f)	lādiņš (v)	[la:diŋʃ]

munições (f pl)	munīcija (s)	[muni:tsija]
bombardeiro (m)	bombardētājs (v)	[bɔmbardɛ:ta:js]
avião (m) de caça	iznīcinātājs (v)	[izni:tsina:ta:js]
helicóptero (m)	helikopters (v)	[xelikɔptɛrs]
canhão (m) antiaéreo	zenītlielgabals (v)	[zeni:tliɛlgabals]
tanque (m)	tanks (v)	[tanks]
canhão (de um tanque)	lielgabals (v)	[liɛlgabals]
artilharia (f)	artilērija (s)	[artile:rija]
canhão (m)	lielgabals (v)	[liɛlgabals]
fazer a pontaria	tēmēt	[tɛ:me:t]
obus (m)	šāviņš (v)	[ʃa:viɲʃ]
granada (f) de morteiro	mīna (s)	[mi:na]
morteiro (m)	mīnmetējs (v)	[mi:nmɛte:js]
estilhaço (m)	šķemba (s)	[ʃtʲemba]
submarino (m)	zemūdene (s)	[zɛmu:dɛne]
torpedo (m)	torpēda (s)	[tɔrpɛ:da]
míssil (m)	raķete (s)	[ratʲɛte]
carregar (uma arma)	ielādēt	[iɛla:de:t]
atirar, disparar (vi)	šaut	[ʃaut]
apontar para ...	tēmēt uz ...	[tɛ:me:t uz ...]
baioneta (f)	durklis (v)	[durklis]
espada (f)	zobens (v)	[zɔbens]
sabre (m)	līkais zobens (v)	[li:kais zɔbens]
lança (f)	šķēps (v)	[ʃtʲe:ps]
arco (m)	loks (v)	[lɔks]
flecha (f)	bulta (s)	[bulta]
mosquete (m)	muskete (s)	[muskɛte]
besta (f)	arbalets (v)	[arbalets]

157. Povos da antiguidade

primitivo	pirmatnējs	[pirmatne:js]
pré-histórico	aizvēsturisks	[aizve:sturisks]
antigo	sens	[sens]
Idade (f) da Pedra	akmens laikmets (v)	[akmens laikmets]
Idade (f) do Bronze	bronzas laikmets (v)	[brɔnzas laikmets]
período (m) glacial	ledus periods (v)	[lɛdus periɔds]
tribo (f)	cilts (s)	[tsilts]
canibal (m)	kanibāls (v)	[kaniba:ls]
caçador (m)	mednieks (v)	[medniɛks]
caçar (vi)	medīt	[medi:t]
mamute (m)	mamuts (v)	[mamuts]
caverna (f)	ala (s)	[ala]
fogo (m)	uguns (v)	[uguns]
fogueira (f)	ugunskurs (v)	[ugunskurs]

146

pintura (f) rupestre	klinšu gleznojums (v)	[klinʃu gleznɔjums]
ferramenta (f)	darbarīks (v)	[darbariːks]
lança (f)	šķēps (v)	[ʃcʲeːps]
machado (m) de pedra	akmens cirvis (v)	[akmens tsirvis]
guerrear (vt)	karot	[karɔt]
domesticar (vt)	pieradināt dzīvniekus	[piɛradinaːt dziːvniɛkus]

ídolo (m)	elks (v)	[elks]
adorar, venerar (vt)	pielūgt	[piɛluːgt]
superstição (f)	māņticība (s)	[maːɲtitsiːba]
ritual (m)	rituāls (v)	[rituaːls]

evolução (f)	evolūcija (s)	[ɛvɔluːtsija]
desenvolvimento (m)	attīstība (s)	[attiːstiːba]
desaparecimento (m)	izzušana (s)	[izzuʃana]
adaptar-se (vr)	pielāgoties	[piɛlaːgɔtiɛs]

arqueologia (f)	arheoloģija (s)	[arxeɔlɔdʲija]
arqueólogo (m)	arheologs (v)	[arxeɔlɔgs]
arqueológico	arheoloģisks	[arxeɔlɔdʲisks]

local (m) das escavações	izrakumu vieta (s)	[izrakumu viɛta]
escavações (f pl)	izrakšanas darbi (v dsk)	[izrakʃanas darbi]
achado (m)	atradums (v)	[atradums]
fragmento (m)	fragments (v)	[fragments]

158. Idade média

povo (m)	tauta (s)	[tauta]
povos (m pl)	tautas (s dsk)	[tautas]
tribo (f)	cilts (s)	[tsilts]
tribos (f pl)	ciltis (s dsk)	[tsiltis]

bárbaros (m pl)	barbari (v dsk)	[barbari]
gauleses (m pl)	galli (v dsk)	[galli]
godos (m pl)	goti (v dsk)	[gɔti]
eslavos (m pl)	slāvi (v dsk)	[slaːvi]
víquingues (m pl)	vikingi (v dsk)	[vikiŋgi]

| romanos (m pl) | romieši (v dsk) | [rɔmiɛʃi] |
| romano | Romas | [rɔmas] |

bizantinos (m pl)	bizantieši (v dsk)	[bizantiɛʃi]
Bizâncio	Bizantija (s)	[bizantija]
bizantino	bizantiešu	[bizantiɛʃu]

imperador (m)	imperators (v)	[impɛratɔrs]
líder (m)	vadonis (v)	[vadɔnis]
poderoso	varens	[varens]
rei (m)	karalis (v)	[karalis]
governante (m)	valdnieks (v)	[valdniɛks]

| cavaleiro (m) | bruņinieks (v) | [bruɲiniɛks] |
| senhor feudal (m) | feodālis (v) | [feɔdaːlis] |

| feudal | feodāļu | [feɔda:lʲu] |
| vassalo (m) | vasalis (v) | [vasalis] |

duque (m)	hercogs (v)	[xertsɔgs]
conde (m)	grāfs (v)	[gra:fs]
barão (m)	barons (v)	[barɔns]
bispo (m)	bīskaps (v)	[bi:skaps]

armadura (f)	bruņas (s dsk)	[bruɲas]
escudo (m)	vairogs (v)	[vairɔgs]
espada (f)	šķēps (v)	[ʃkʲe:ps]
viseira (f)	sejsegs (v)	[sejsegs]
cota (f) de malha	bruņu krekls (v)	[bruɲu krekls]

| cruzada (f) | krusta gājiens (v) | [krusta ga:jiɛns] |
| cruzado (m) | krustnesis (v) | [krustnesis] |

território (m)	teritorija (s)	[teritɔrija]
atacar (vt)	uzbrukt	[uzbrukt]
conquistar (vt)	iekarot	[iɛkarɔt]
ocupar, invadir (vt)	sagrābt	[sagra:bt]

assédio, sítio (m)	aplenkums (v)	[aplenkums]
sitiado	aplenkts	[aplenkts]
assediar, sitiar (vt)	aplenkt	[aplenkt]

inquisição (f)	inkvizīcija (s)	[inkvizi:tsija]
inquisidor (m)	inkvizitors (v)	[inkvizitɔrs]
tortura (f)	spīdzināšana (s)	[spi:dzina:ʃana]
cruel	nežēlīgs	[neʒe:li:gs]
herege (m)	ķecerība (s)	[tʲetseri:ba]
heresia (f)	ķeceris (v)	[tʲetseris]

navegação (f) marítima	jūrniecība (s)	[ju:rniɛtsi:ba]
pirata (m)	pirāts (v)	[pira:ts]
pirataria (f)	pirātisms (v)	[pira:tisms]
abordagem (f)	abordāža (s)	[abɔrda:ʒa]
presa (f), butim (m)	laupījums (v)	[laupi:jums]
tesouros (m pl)	dārgumi (v dsk)	[da:rgumi]

descobrimento (m)	atklāšana (s)	[atkla:ʃana]
descobrir (novas terras)	atklāt	[atkla:t]
expedição (f)	ekspedīcija (s)	[ekspedi:tsija]

mosqueteiro (m)	musketieris (v)	[musketiɛris]
cardeal (m)	kardināls (v)	[kardina:ls]
heráldica (f)	heraldika (s)	[xɛraldika]
heráldico	heraldisks	[xɛraldisks]

159. Líder. Chefe. Autoridades

rei (m)	karalis (v)	[karalis]
rainha (f)	karaliene (s)	[karaliɛne]
real	karalisks	[karalisks]

reino (m)	karaliste (s)	[karaliste]
príncipe (m)	princis (v)	[printsis]
princesa (f)	princese (s)	[printsɛse]

presidente (m)	prezidents (v)	[prezidents]
vice-presidente (m)	viceprezidents (v)	[vitseprezidents]
senador (m)	senators (v)	[sɛnatɔrs]

monarca (m)	monarhs (v)	[mɔnarxs]
governante (m)	valdnieks (v)	[valdniɛks]
ditador (m)	diktators (v)	[diktatɔrs]
tirano (m)	tirāns (v)	[tira:ns]
magnata (m)	magnāts (v)	[magna:ts]

diretor (m)	direktors (v)	[direktɔrs]
chefe (m)	šefs (v)	[ʃefs]
dirigente (m)	pārvaldnieks (v)	[pa:rvaldniɛks]
patrão (m)	boss (v)	[bɔs]
dono (m)	saimnieks (v)	[saimniɛks]

líder, chefe (m)	vadītājs, līderis (v)	[vadi:ta:js], [li:deris]
chefe (~ de delegação)	galva (s)	[galva]
autoridades (f pl)	vara (s)	[vara]
superiores (m pl)	priekšniecība (s)	[priɛkʃniɛtsi:ba]

governador (m)	gubernators (v)	[gubernatɔrs]
cônsul (m)	konsuls (v)	[kɔnsuls]
diplomata (m)	diplomāts (v)	[diplɔma:ts]
Presidente (m) da Câmara	mērs (v)	[mɛ:rs]
xerife (m)	šerifs (v)	[ʃerifs]

imperador (m)	imperators (v)	[impɛratɔrs]
czar (m)	cars (v)	[tsars]
faraó (m)	faraons (v)	[faraɔns]
cã (m)	hans (v)	[xans]

160. Viloação da lei. Criminosos. Parte 1

bandido (m)	bandīts (v)	[bandi:ts]
crime (m)	noziegums (v)	[nɔziɛgums]
criminoso (m)	noziedznieks (v)	[nɔziɛdzniɛks]

ladrão (m)	zaglis (v)	[zaglis]
roubar (vt)	zagt	[zagt]
furto (m)	zagšana (s)	[zagʃana]
furto (m)	zādzība (s)	[za:dzi:ba]

raptar (ex. ~ uma criança)	nolaupīt	[nɔlaupi:t]
rapto (m)	nolaupīšana (s)	[nɔlaupi:ʃana]
raptor (m)	laupītājs (v)	[laupi:ta:js]

resgate (m)	izpirkums (v)	[izpirkums]
pedir resgate	prasīt izpirkumu	[prasi:t izpirkumu]
roubar (vt)	aplaupīt	[aplaupi:t]

assalto, roubo (m)	aplaupīšana (s)	[aplaupi:ʃana]
assaltante (m)	laupītājs (v)	[laupi:ta:js]
extorquir (vt)	izspiest	[izspiɛst]
extorsionário (m)	izspiedējs (v)	[izspiɛde:js]
extorsão (f)	izspiešana (s)	[izspiɛʃana]
matar, assassinar (vt)	noslepkavot	[nɔslepkavɔt]
homicídio (m)	slepkavība (s)	[slepkavi:ba]
homicida, assassino (m)	slepkava (v)	[slepkava]
tiro (m)	šāviens (v)	[ʃa:viɛns]
dar um tiro	izšaut	[izʃaut]
matar a tiro	nošaut	[nɔʃaut]
atirar, disparar (vi)	šaut	[ʃaut]
tiroteio (m)	šaušana (s)	[ʃauʃana]
incidente (m)	notikums (v)	[nɔtikums]
briga (~ de rua)	kautiņš (v)	[kautiɲʃ]
Socorro!	Palīgā!	[pali:ga:!]
vítima (f)	upuris (v)	[upuris]
danificar (vt)	sabojāt	[sabɔja:t]
dano (m)	kaitējums (v)	[kaite:jums]
cadáver (m)	līķis (v)	[li:tʲis]
grave	smags noziegums	[smags nɔziɛgums]
atacar (vt)	uzbrukt	[uzbrukt]
bater (espancar)	sist	[sist]
espancar (vt)	piekaut	[piɛkaut]
tirar, roubar (dinheiro)	atņemt	[atɲemt]
esfaquear (vt)	nodurt	[nɔdurt]
mutilar (vt)	sakropļot	[sakrɔplʲɔt]
ferir (vt)	ievainot	[iɛvainɔt]
chantagem (f)	šantāža (s)	[ʃanta:ʒa]
chantagear (vt)	šantažēt	[ʃantaʒe:t]
chantagista (m)	šantāžists (v)	[ʃanta:ʒists]
extorsão (em troca de proteção)	rekets (v)	[rɛkets]
extorsionário (m)	reketieris (v)	[rɛketiɛris]
gângster (m)	gangsteris (v)	[gaŋgsteris]
máfia (f)	mafija (s)	[mafija]
carteirista (m)	kabatzaglis (v)	[kabatzaglis]
assaltante, ladrão (m)	kramplauzis (v)	[kramplauzis]
contrabando (m)	kontrabanda (s)	[kɔntrabanda]
contrabandista (m)	kontrabandists (v)	[kɔntrabandists]
falsificação (f)	viltojums (v)	[viltɔjums]
falsificar (vt)	viltot	[viltɔt]
falsificado	viltots	[viltɔts]

161. Viloação da lei. Criminosos. Parte 2

violação (f)	izvarošana (s)	[Izvarɔʃana]
violar (vt)	izvarot	[izvarɔt]
violador (m)	izvarotājs (v)	[izvarɔta:js]
maníaco (m)	maniaks (v)	[maniaks]

prostituta (f)	prostitūta (s)	[prɔstitu:ta]
prostituição (f)	prostitūcija (s)	[prɔstitu:tsija]
chulo (m)	suteners (v)	[sutɛnɛrs]

toxicodependente (m)	narkomāns (v)	[narkɔma:ns]
traficante (m)	narkotiku tirgotājs (v)	[narkɔtiku tirgɔta:js]

explodir (vt)	uzspridzināt	[uzspridzina:t]
explosão (f)	sprādziens (v)	[spra:dziɛns]
incendiar (vt)	aizdedzināt	[aizdedzina:t]
incendiário (m)	dedzinātājs (v)	[dedzina:ta:js]

terrorismo (m)	terorisms (v)	[terɔrisms]
terrorista (m)	terorists (v)	[terɔrists]
refém (m)	ķīlnieks (v)	[tʲi:lniɛks]

enganar (vt)	piekrāpt	[piɛkra:pt]
engano (m)	krāpšana (s)	[kra:pʃana]
vigarista (m)	krāpnieks (v)	[kra:pniɛks]

subornar (vt)	piekukuļot	[piɛkukulʲot]
suborno (atividade)	piekukuļošana (s)	[piɛkukulʲoʃana]
suborno (dinheiro)	kukulis (v)	[kukulis]

veneno (m)	inde (s)	[inde]
envenenar (vt)	noindēt	[nɔinde:t]
envenenar-se (vr)	noindēties	[nɔinde:tiɛs]

suicídio (m)	pašnāvība (s)	[paʃna:vi:ba]
suicida (m)	pašnāvnieks (v)	[paʃna:vniɛks]

ameaçar (vt)	draudēt	[draude:t]
ameaça (f)	drauds (v)	[drauds]
atentar contra a vida de ...	mēģinājums	[me:dʲina:jums]
atentado (m)	slepkavības mēģinājums (v)	[slepkavi:bas me:dʲina:jums]

roubar (o carro)	aizdzīt	[aizdzi:t]
desviar (o avião)	aizdzīt	[aizdzi:t]

vingança (f)	atriebība (s)	[atriɛbi:ba]
vingar (vt)	atriebties	[atriɛbtiɛs]

torturar (vt)	spīdzināt	[spi:dzina:t]
tortura (f)	spīdzināšana (s)	[spi:dzina:ʃana]
atormentar (vt)	mocīt	[mɔtsi:t]

pirata (m)	pirāts (v)	[pira:ts]
desordeiro (m)	huligāns (v)	[xuliga:ns]

armado	apbruņots	[apbruɲots]
violência (f)	varmācība (s)	[varma:tsi:ba]
ilegal	nelikumīgs	[nelikumi:gs]

| espionagem (f) | spiegošana (s) | [spiɛgoʃana] |
| espionar (vi) | spiegot | [spiɛgot] |

162. Polícia. Lei. Parte 1

| justiça (f) | tiesas spriešana (s) | [tiɛsas spriɛʃana] |
| tribunal (m) | tiesa (s) | [tiɛsa] |

juiz (m)	tiesnesis (v)	[tiɛsnesis]
jurados (m pl)	zvērinātie (v dsk)	[zve:rina:tiɛ]
tribunal (m) do júri	zvērināto tiesa (s)	[zve:rina:to tiɛsa]
julgar (vt)	spriest	[spriɛst]

advogado (m)	advokāts (v)	[advoka:ts]
réu (m)	tiesājamais (v)	[tiɛsa:jamais]
banco (m) dos réus	apsūdzēto sols (v)	[apsu:dze:to sols]

| acusação (f) | apsūdzība (s) | [apsu:dzi:ba] |
| acusado (m) | apsūdzētais (v) | [apsu:dzɛ:tais] |

| sentença (f) | spriedums (v) | [spriɛdums] |
| sentenciar (vt) | piespriest | [piɛspriɛst] |

culpado (m)	vaininieks (v)	[vaininiɛks]
punir (vt)	sodīt	[sodi:t]
punição (f)	sods (v)	[sods]

multa (f)	soda nauda (s)	[soda nauda]
prisão (f) perpétua	mūža ieslodzījums (v)	[mu:ʒa iɛslodzi:jums]
pena (f) de morte	nāves sods (v)	[na:ves sods]
cadeira (f) elétrica	elektriskais krēsls (v)	[ɛlektriskais kre:sls]
forca (f)	karātavas (s dsk)	[kara:tavas]

| executar (vt) | sodīt ar nāvi | [sodi:t ar na:vi] |
| execução (f) | nāves soda izpilde (s) | [na:ves soda izpilde] |

| prisão (f) | cietums (v) | [tsiɛtums] |
| cela (f) de prisão | kamera (s) | [kamɛra] |

escolta (f)	konvojs (v)	[konvojs]
guarda (m) prisional	uzraugs (v)	[uzraugs]
preso (m)	ieslodzītais (v)	[iɛslodzi:tais]

| algemas (f pl) | roku dzelži (v dsk) | [roku dzelʒi] |
| algemar (vt) | ieslēgt roku dzelžos | [iɛsle:gt roku dzelʒos] |

fuga, evasão (f)	izbēgšana no cietuma (s)	[izbe:gʃana no tsiɛtuma]
fugir (vi)	bēgt no cietuma	[be:gt no tsiɛtuma]
desaparecer (vi)	pazust	[pazust]
soltar, libertar (vt)	atbrīvot	[atbri:vot]

amnistia (f)	amnestija (s)	[amnestija]
polícia (instituição)	policija (s)	[politsija]
polícia (m)	policists (v)	[politsists]
esquadra (f) de polícia	policijas iecirknis (v)	[politsijas iɛtsirknis]
cassetete (m)	gumijas nūja (s)	[gumijas nu:ja]
megafone (m)	rupors (v)	[rupɔrs]

carro (m) de patrulha	patruļa mašīna (s)	[patrulʲa maʃi:na]
sirene (f)	sirēna (s)	[sirɛ:na]
ligar a sirene	ieslēgt sirēnu	[iɛsle:gt sirɛ:nu]
toque (m) da sirene	sirēnas gaudošana (s)	[sirɛ:nas gaudɔʃana]

cena (f) do crime	notikuma vieta (s)	[nɔtikuma viɛta]
testemunha (f)	liecinieks (v)	[liɛtsiniɛks]
liberdade (f)	brīvība (s)	[bri:vi:ba]
cúmplice (m)	līdzzinātājs (v)	[li:dzzina:ta:js]
escapar (vi)	paslēpties	[pasle:ptiɛs]
traço (não deixar ~s)	pēda (s)	[pɛ:da]

163. Polícia. Lei. Parte 2

procura (f)	meklēšana (s)	[mekle:ʃana]
procurar (vt)	meklēt ...	[mekle:t ...]
suspeita (f)	aizdomas (s dsk)	[aizdɔmas]
suspeito	aizdomīgs	[aizdɔmi:gs]
parar (vt)	apturēt	[apture:t]
deter (vt)	aizturēt	[aizture:t]

caso (criminal)	lieta (s)	[liɛta]
investigação (f)	izmeklēšana (s)	[izmekle:ʃana]
detetive (m)	detektīvs (v)	[dɛtekti:vs]
investigador (m)	izmeklētājs (v)	[izmeklɛ:ta:js]
versão (f)	versija (s)	[vɛrsija]

motivo (m)	motīvs (v)	[mɔti:vs]
interrogatório (m)	pratināšana (s)	[pratina:ʃana]
interrogar (vt)	pratināt	[pratina:t]
questionar (vt)	aptaujāt	[aptauja:t]
verificação (f)	pārbaude (s)	[pa:rbaude]

batida (f) policial	tvarstīšana (s)	[tvarsti:ʃana]
busca (f)	kratīšana (s)	[krati:ʃana]
perseguição (f)	pakaļdzīšanās (s)	[pakalʲdzi:ʃana:s]
perseguir (vt)	vajāt	[vaja:t]
seguir (vt)	atsekot	[atsekɔt]

prisão (f)	arests (v)	[arests]
prender (vt)	arestēt	[areste:t]
pegar, capturar (vt)	noķert	[notʲert]
captura (f)	satveršana (s)	[satverʃana]

documento (m)	dokuments (v)	[dɔkuments]
prova (f)	pierādījums (v)	[piɛra:di:jums]
provar (vt)	pierādīt	[piɛra:di:t]

pegada (f)	pēda (s)	[pɛ:da]
impressões (f pl) digitais	pirkstu nospiedumi (v dsk)	[pirkstu nɔspiɛdumi]
prova (f)	pierādījums (v)	[piɛra:di:jums]
álibi (m)	alibi (v)	[alibi]
inocente	nevainīgais	[nɛvaini:gais]
injustiça (f)	netaisnība (s)	[nɛtaisni:ba]
injusto	netaisnīgs	[nɛtaisni:gs]
criminal	kriminālais	[krimina:lais]
confiscar (vt)	konfiscēt	[kɔnfistse:t]
droga (f)	narkotiska viela (s)	[narkɔtiska viɛla]
arma (f)	ierocis (v)	[iɛrɔtsis]
desarmar (vt)	atbruņot	[atbruɲɔt]
ordenar (vt)	pavēlēt	[pavɛ:le:t]
desaparecer (vi)	pazust	[pazust]
lei (f)	likums (v)	[likums]
legal	likumīgs	[likumi:gs]
ilegal	nelikumīgs	[nelikumi:gs]
responsabilidade (f)	atbildība (s)	[atbildi:ba]
responsável	atbildīgais	[atbildi:gais]

NATUREZA

A Terra. Parte 1

164. Espaço sideral

cosmos (m)	kosmoss (v)	[kɔsmɔs]
cósmico	kosmiskais	[kɔsmiskais]
espaço (m) cósmico	kosmiskā telpa (s)	[kɔsmiska: telpa]

mundo (m)	visums (v)	[visums]
universo (m)	pasaule (s)	[pasaule]
galáxia (f)	galaktika (s)	[galaktika]

estrela (f)	zvaigzne (s)	[zvaigzne]
constelação (f)	zvaigznājs (v)	[zvaigzna:js]
planeta (m)	planēta (s)	[planɛ:ta]
satélite (m)	pavadonis (v)	[pavadɔnis]

meteorito (m)	meteorīts (v)	[mɛteɔri:ts]
cometa (m)	komēta (s)	[kɔmɛ:ta]
asteroide (m)	asteroīds (v)	[asterɔi:ds]

órbita (f)	orbīta (s)	[ɔrbi:ta]
girar (vi)	griezties ap	[griɛzties ap]
atmosfera (f)	atmosfēra (s)	[atmɔsfɛ:ra]

Sol (m)	Saule (s)	[saule]
Sistema (m) Solar	Saules sistēma (s)	[saules sistɛ:ma]
eclipse (m) solar	Saules aptumsums (v)	[saules aptumsums]

| Terra (f) | Zeme (s) | [zɛme] |
| Lua (f) | Mēness (v) | [mɛ:nes] |

Marte (m)	Marss (v)	[mars]
Vénus (f)	Venēra (s)	[vɛnɛ:ra]
Júpiter (m)	Jupiters (v)	[jupitɛrs]
Saturno (m)	Saturns (v)	[saturns]

Mercúrio (m)	Merkus (v)	[merkus]
Urano (m)	Urāns (v)	[ura:ns]
Neptuno (m)	Neptūns (v)	[neptu:ns]
Plutão (m)	Plutons (v)	[plutɔns]

Via Láctea (f)	Piena ceļš (v)	[piɛna tselʲʃ]
Ursa Maior (f)	Lielais Lācis (v)	[liɛlais la:tsis]
Estrela Polar (f)	Polārzvaigzne (s)	[pɔla:rzvaigzne]
marciano (m)	marsietis (v)	[marsiɛtis]
extraterrestre (m)	citplanētietis (v)	[tsitplane:tiɛtis]

alienígena (m)	atnācējs (v)	[atna:tse:js]
disco (m) voador	lidojošais šķīvis (v)	[lidɔjɔʃais ʃĺi:vis]

nave (f) espacial	kosmiskais kuģis (v)	[kɔsmiskais kudĺis]
estação (f) orbital	orbitālā stacija (s)	[ɔrbita:la: statsija]
lançamento (m)	starts (v)	[starts]

motor (m)	dzinējs (v)	[dzine:js]
bocal (m)	sprausla (s)	[sprausla]
combustível (m)	degviela (s)	[degviɛla]

cabine (f)	kabīne (s)	[kabi:ne]
antena (f)	antena (s)	[antɛna]
vigia (f)	iluminators (v)	[iluminatɔrs]
bateria (f) solar	saules baterija (s)	[saules baterija]
traje (m) espacial	skafandrs (v)	[skafandrs]

imponderabilidade (f)	bezsvara stāvoklis (v)	[bezsvara sta:vɔklis]
oxigénio (m)	skābeklis (v)	[ska:beklis]

acoplagem (f)	savienošanās (s)	[saviɛnɔʃana:s]
fazer uma acoplagem	savienoties	[saviɛnotiɛs]

observatório (m)	observatorija (s)	[ɔbservatɔrija]
telescópio (m)	teleskops (v)	[tɛleskɔps]
observar (vt)	novērot	[nɔve:rɔt]
explorar (vt)	pētīt	[pe:ti:t]

165. A Terra

Terra (f)	Zeme (s)	[zɛme]
globo terrestre (Terra)	zemeslode (s)	[zɛmeslɔde]
planeta (m)	planēta (s)	[planɛ:ta]

atmosfera (f)	atmosfēra (s)	[atmɔsfɛ:ra]
geografia (f)	ģeogrāfija (s)	[dĺeɔgra:fija]
natureza (f)	daba (s)	[daba]

globo (mapa esférico)	globuss (v)	[glɔbus]
mapa (m)	karte (s)	[karte]
atlas (m)	atlants (v)	[atlants]

Europa (f)	Eiropa (s)	[ɛirɔpa]
Ásia (f)	Āzija (s)	[a:zija]

África (f)	Āfrika (s)	[a:frika]
Austrália (f)	Austrālija (s)	[austra:lija]

América (f)	Amerika (s)	[amerika]
América (f) do Norte	Ziemeļamerika (s)	[ziɛmeĺamerika]
América (f) do Sul	Dienvidamerika (s)	[diɛnvidamerika]

Antártida (f)	Antarktīda (s)	[antarkti:da]
Ártico (m)	Arktika (s)	[arktika]

166. Pontos cardeais

norte (m)	ziemeļi (v dsk)	[ziɛmelʲi]
para norte	uz ziemeļiem	[uz ziɛmelʲiɛm]
no norte	ziemeļos	[ziɛmelʲɔs]
do norte	ziemeļu	[ziɛmɛlʲu]
sul (m)	dienvidi (v dsk)	[diɛnvidi]
para sul	uz dienvidiem	[uz diɛnvidiɛm]
no sul	dienvidos	[diɛnvidɔs]
do sul	dienvidu	[diɛnvidu]
oeste, ocidente (m)	rietumi (v dsk)	[riɛtumi]
para oeste	uz rietumiem	[uz riɛtumiɛm]
no oeste	rietumos	[riɛtumɔs]
ocidental	rietumu	[riɛtumu]
leste, oriente (m)	austrumi (v dsk)	[austrumi]
para leste	uz austrumiem	[uz austrumiɛm]
no leste	austrumos	[austrumɔs]
oriental	austrumu	[austrumu]

167. Mar. Oceano

mar (m)	jūra (s)	[juːra]
oceano (m)	okeāns (v)	[ɔkeaːns]
golfo (m)	jūras līcis (v)	[juːras liːtsis]
estreito (m)	jūras šaurums (v)	[juːras ʃaurums]
terra (f) firme	sauszeme (s)	[sauszɛme]
continente (m)	kontinents (v)	[kɔntinents]
ilha (f)	sala (s)	[sala]
península (f)	pussala (s)	[pusala]
arquipélago (m)	arhipelāgs (v)	[arxipɛlaːgs]
baía (f)	līcis (v)	[liːtsis]
porto (m)	osta (s)	[ɔsta]
lagoa (f)	lagūna (s)	[laguːna]
cabo (m)	zemesrags (v)	[zɛmesrags]
atol (m)	atols (v)	[atɔls]
recife (m)	rifs (v)	[rifs]
coral (m)	korallis (v)	[kɔrallis]
recife (m) de coral	koraļļu rifs (v)	[kɔrallʲu rifs]
profundo	dziļš	[dzilʲʃ]
profundidade (f)	dziļums (v)	[dzilʲums]
abismo (m)	dzelme (s)	[dzelme]
fossa (f) oceânica	ieplaka (s)	[iɛplaka]
corrente (f)	straume (s)	[straume]
banhar (vt)	apskalot	[apskalɔt]
litoral (m)	krasts (v)	[krasts]

costa (f)	piekraste (s)	[piɛkraste]
maré (f) alta	paisums (v)	[paisums]
refluxo (m), maré (f) baixa	bēgums (v)	[bɛ:gums]
restinga (f)	sēklis (v)	[se:klis]
fundo (m)	gultne (s)	[gultne]

onda (f)	vilnis (v)	[vilnis]
crista (f) da onda	viļņa mugura (s)	[viļņa mugura]
espuma (f)	putas (s)	[putas]

tempestade (f)	vētra (s)	[ve:tra]
furacão (m)	viesulis (v)	[viɛsulis]
tsunami (m)	cunami (v)	[tsunami]
calmaria (f)	bezvējš (v)	[bezve:jʃ]
calmo	mierīgs	[miɛri:gs]

polo (m)	pols (v)	[pɔls]
polar	polārais	[pɔla:rais]

latitude (f)	platums (v)	[platums]
longitude (f)	garums (v)	[garums]
paralela (f)	paralēle (s)	[paralɛ:le]
equador (m)	ekvators (v)	[ekvatɔrs]

céu (m)	debess (s)	[dɛbes]
horizonte (m)	horizonts (v)	[xɔrizɔnts]
ar (m)	gaiss (v)	[gais]

farol (m)	bāka (s)	[ba:ka]
mergulhar (vi)	nirt	[nirt]
afundar-se (vr)	nogrimt	[nɔgrimt]
tesouros (m pl)	dārgumi (v dsk)	[da:rgumi]

168. Montanhas

montanha (f)	kalns (v)	[kalns]
cordilheira (f)	kalnu virkne (s)	[kalnu virkne]
serra (f)	kalnu grēda (s)	[kalnu grɛ:da]

cume (m)	virsotne (s)	[virsɔtne]
pico (m)	smaile (s)	[smaile]
sopé (m)	pakāje (s)	[paka:je]
declive (m)	nogāze (s)	[nɔga:ze]

vulcão (m)	vulkāns (v)	[vulka:ns]
vulcão (m) ativo	darvojošais vulkāns (v)	[darvɔjɔʃais vulka:ns]
vulcão (m) extinto	nodzisušais vulkāns (v)	[nɔdzisuʃais vulka:ns]

erupção (f)	izvirdums (v)	[izvirdums]
cratera (f)	krāteris (v)	[kra:teris]
magma (m)	magma (s)	[magma]
lava (f)	lava (s)	[lava]
fundido (lava ~a)	karstais	[karstais]
desfiladeiro (m)	kanjons (v)	[kanjɔns]

garganta (f)	aiza (s)	[aiza]
fenda (f)	plaisa (s)	[plaisa]
precipício (m)	bezdibenis (v)	[bezdibenis]

passo, colo (m)	pāreja (s)	[pa:reja]
planalto (m)	plato (v)	[platɔ]
falésia (f)	klints (s)	[klints]
colina (f)	pakalns (v)	[pakalns]

glaciar (m)	ledājs (v)	[lɛda:js]
queda (f) d'água	ūdenskritums (v)	[u:denskritums]
géiser (m)	geizers (v)	[gɛizɛrs]
lago (m)	ezers (v)	[ɛzɛrs]

planície (f)	līdzenums (v)	[li:dzenums]
paisagem (f)	ainava (s)	[ainava]
eco (m)	atbalss (s)	[atbals]

alpinista (m)	alpīnists (v)	[alpi:nists]
escalador (m)	klinšu kāpējs (v)	[klinʃu ka:pe:js]
conquistar (vt)	iekarot	[iɛkarɔt]
subida, escalada (f)	uzkāpšana (s)	[uzka:pʃana]

169. Rios

rio (m)	upe (s)	[upe]
fonte, nascente (f)	ūdens avots (v)	[u:dens avɔts]
leito (m) do rio	gultne (s)	[gultne]
bacia (f)	upes baseins (v)	[upes basɛins]
desaguar no ...	ieplūst ...	[iɛplu:st ...]

| afluente (m) | pieteka (s) | [piɛtɛka] |
| margem (do rio) | krasts (v) | [krasts] |

corrente (f)	straume (s)	[straume]
rio abaixo	plūsmas lejtecē	[plu:smas lejtetse:]
rio acima	plūsmas augštecē	[plu:smas augʃtetse:]

inundação (f)	plūdi (v dsk)	[plu:di]
cheia (f)	pali (v dsk)	[pali]
transbordar (vi)	pārplūst	[pa:rplu:st]
inundar (vt)	appludināt	[appludina:t]

| banco (m) de areia | sēklis (v) | [se:klis] |
| rápidos (m pl) | krāce (s) | [kra:tse] |

barragem (f)	dambis (v)	[dambis]
canal (m)	kanāls (v)	[kana:ls]
reservatório (m) de água	ūdenskrātuve (s)	[u:denskra:tuve]
eclusa (f)	slūžas (s)	[slu:ʒas]

corpo (m) de água	ūdenstilpe (s)	[u:denstilpe]
pântano (m)	purvs (v)	[purvs]
tremedal (m)	staignājs (v)	[staigna:js]

159

remoinho (m)	virpulis (v)	[virpulis]
arroio, regato (m)	strauts (v)	[strauts]
potável	dzeramais	[dzɛramais]
doce (água)	sājš	[saːjʃ]

| gelo (m) | ledus (v) | [lɛdus] |
| congelar-se (vr) | aizsalt | [aizsalt] |

170. Floresta

| floresta (f), bosque (m) | mežs (v) | [meʒs] |
| florestal | meža | [meʒa] |

mata (f) cerrada	meža biezoknis (v)	[meʒa biɛzɔknis]
arvoredo (m)	birze (s)	[birze]
clareira (f)	nora (s)	[nɔra]

| matagal (m) | krūmājs (v) | [kruːmaːjs] |
| mato (m) | krūmi (v dsk) | [kruːmi] |

| vereda (f) | taciņa (s) | [tatsiɲa] |
| ravina (f) | grava (s) | [grava] |

árvore (f)	koks (v)	[kɔks]
folha (f)	lapa (s)	[lapa]
folhagem (f)	lapas (s dsk)	[lapas]

queda (f) das folhas	lapkritis (v)	[lapkritis]
cair (vi)	lapas krīt	[lapas kriːt]
topo (m)	virsotne (s)	[virsɔtne]

ramo (m)	zariņš (v)	[zariɲʃ]
galho (m)	zars (v)	[zars]
botão, rebento (m)	pumpurs (v)	[pumpurs]
agulha (f)	skuja (s)	[skuja]
pinha (f)	čiekurs (v)	[tʃiɛkurs]

buraco (m) de árvore	dobums (v)	[dɔbums]
ninho (m)	ligzda (s)	[ligzda]
toca (f)	ala (s)	[ala]

tronco (m)	stumbrs (v)	[stumbrs]
raiz (f)	sakne (s)	[sakne]
casca (f) de árvore	miza (s)	[miza]
musgo (m)	sūna (s)	[suːna]

arrancar pela raiz	atcelmot	[attselmɔt]
cortar (vt)	cirst	[tsirst]
desflorestar (vt)	izcirst	[iztsirst]
toco, cepo (m)	celms (v)	[tselms]

fogueira (f)	ugunskurs (v)	[ugunskurs]
incêndio (m) florestal	ugunsgrēks (v)	[ugunsgreːks]
apagar (vt)	dzēst	[dzeːst]

guarda-florestal (m)	mežinieks (v)	[meʒiniɛks]
proteção (f)	augu aizsargāšana (s)	[augu aizsarga:ʃana]
proteger (a natureza)	dabas aizsardzība	[dabas aizsardzi:ba]
caçador (m) furtivo	malumednieks (v)	[malumedniɛks]
armadilha (f)	lamatas (s dsk)	[lamatas]

colher (cogumelos)	sēņot	[se:ɲɔt]
colher (bagas)	ogot	[ɔgɔt]
perder-se (vr)	apmaldīties	[apmaldi:tiɛs]

171. Recursos naturais

recursos (m pl) naturais	dabas resursi (v dsk)	[dabas rɛsursi]
minerais (m pl)	derīgie izrakteņi (v dsk)	[deri:giɛ izrakteɲi]
depósitos (m pl)	iegulumi (v dsk)	[iɛgulumi]
jazida (f)	atradne (s)	[atradne]

extrair (vt)	iegūt rūdu	[iɛgu:t ru:du]
extração (f)	ieguve (s)	[iɛguve]
minério (m)	rūda (s)	[ru:da]
mina (f)	raktuve (s)	[raktuve]
poço (m) de mina	šahta (s)	[ʃaxta]
mineiro (m)	ogļracis (v)	[ɔglʲratsis]

gás (m)	gāze (s)	[ga:ze]
gasoduto (m)	gāzes vads (v)	[ga:zes vads]

petróleo (m)	nafta (s)	[nafta]
oleoduto (m)	naftas vads (v)	[naftas vads]
poço (m) de petróleo	naftas tornis (v)	[naftas tɔrnis]
torre (f) petrolífera	urbjtornis (v)	[urbjtɔrnis]
petroleiro (m)	tankkuģis (v)	[tankkudʲis]
areia (f)	smiltis (s dsk)	[smiltis]
calcário (m)	kaļķakmens (v)	[kalʲtʲakmens]
cascalho (m)	grants (s)	[grants]
turfa (f)	kūdra (s)	[ku:dra]
argila (f)	māls (v)	[ma:ls]
carvão (m)	ogles (s dsk)	[ɔgles]

ferro (m)	dzelzs (s)	[dzelzs]
ouro (m)	zelts (v)	[zelts]
prata (f)	sudrabs (v)	[sudrabs]
níquel (m)	niķelis (v)	[nitʲelis]
cobre (m)	varš (v)	[varʃ]

zinco (m)	cinks (v)	[tsinks]
manganês (m)	mangāns (v)	[maŋga:ns]
mercúrio (m)	dzīvsudrabs (v)	[dzi:vsudrabs]
chumbo (m)	svins (v)	[svins]

mineral (m)	minerāls (v)	[minɛra:ls]
cristal (m)	kristāls (v)	[krista:ls]
mármore (m)	marmors (v)	[marmɔrs]
urânio (m)	urāns (v)	[ura:ns]

A Terra. Parte 2

172. Tempo

tempo (m)	laiks (v)	[laiks]
previsão (f) do tempo	laika prognoze (s)	[laika prognoze]
temperatura (f)	temperatūra (s)	[tempɛratu:ra]
termómetro (m)	termometrs (v)	[termɔmetrs]
barómetro (m)	barometrs (v)	[barɔmetrs]
húmido	mitrs	[mitrs]
humidade (f)	mitrums (v)	[mitrums]
calor (m)	tveice (s)	[tvɛitse]
cálido	karsts	[karsts]
está muito calor	karsts laiks	[karsts laiks]
está calor	silts laiks	[silts laiks]
quente	silts	[silts]
está frio	auksts laiks	[auksts laiks]
frio	auksts	[auksts]
sol (m)	saule (s)	[saule]
brilhar (vi)	spīd saule	[spi:d saule]
de sol, ensolarado	saulains	[saulains]
nascer (vi)	uzlēkt	[uzle:kt]
pôr-se (vr)	rietēt	[riɛte:t]
nuvem (f)	mākonis (v)	[ma:kɔnis]
nublado	mākoņains	[ma:kɔɲains]
nuvem (f) preta	melns mākonis (v)	[melns ma:kɔnis]
escuro, cinzento	apmācies	[apma:tsiɛs]
chuva (f)	lietus (v)	[liɛtus]
está a chover	līst lietus	[li:st liɛtus]
chuvoso	lietains	[liɛtains]
chuviscar (vi)	smidzina	[smidzina]
chuva (f) torrencial	stiprs lietus (v)	[stiprs liɛtus]
chuvada (f)	lietusgāze (s)	[liɛtusga:ze]
forte (chuva)	stiprs	[stiprs]
poça (f)	peļķe (s)	[pelʲtʲe]
molhar-se (vr)	samirkt	[samirkt]
nevoeiro (m)	migla (s)	[migla]
de nevoeiro	miglains	[miglains]
neve (f)	sniegs (v)	[sniɛgs]
está a nevar	krīt sniegs	[kri:t sniɛgs]

173. Tempo extremo. Catástrofes naturais

trovoada (f)	pērkona negaiss (v)	[pe:rkɔna nɛgais]
relâmpago (m)	zibens (v)	[zibens]
relampejar (vi)	zibēt	[zibe:t]
trovão (m)	pērkons (v)	[pe:rkɔns]
trovejar (vi)	dārdēt	[da:rde:t]
está a trovejar	dārd pērkons	[da:rd pe:rkɔns]
granizo (m)	krusa (s)	[krusa]
está a cair granizo	krīt krusa	[kri:t krusa]
inundar (vt)	appludināt	[appludina:t]
inundação (f)	ūdens plūdi (v dsk)	[u:dens plu:di]
terremoto (m)	zemestrīce (s)	[zɛmestri:tse]
abalo, tremor (m)	trieciens (v)	[triɛtsiɛns]
epicentro (m)	epicentrs (v)	[epitsentrs]
erupção (f)	izvirdums (v)	[izvirdums]
lava (f)	lava (s)	[lava]
turbilhão (m)	virpuļvētra (s)	[virpulʲve:tra]
tornado (m)	tornado (v)	[tɔrnadɔ]
tufão (m)	taifūns (v)	[taifu:ns]
furacão (m)	viesulis (v)	[viɛsulis]
tempestade (f)	vētra (s)	[ve:tra]
tsunami (m)	cunami (v)	[tsunami]
ciclone (m)	ciklons (v)	[tsiklɔns]
mau tempo (m)	slikts laiks (v)	[slikts laiks]
incêndio (m)	ugunsgrēks (v)	[ugunsgre:ks]
catástrofe (f)	katastrofa (s)	[katastrɔfa]
meteorito (m)	meteorīts (v)	[mɛteɔri:ts]
avalanche (f)	lavīna (s)	[lavi:na]
deslizamento (m) de neve	sniega gāze (s)	[sniɛga ga:ze]
nevasca (f)	sniegputenis (v)	[sniɛgputenis]
tempestade (f) de neve	sniega vētra (s)	[sniɛga ve:tra]

Fauna

174. Mamíferos. Predadores

predador (m)	plēsoņa (s)	[ple:sɔɲa]
tigre (m)	tīģeris (v)	[ti:dʲeris]
leão (m)	lauva (s)	[lauva]
lobo (m)	vilks (v)	[vilks]
raposa (f)	lapsa (s)	[lapsa]
jaguar (m)	jaguārs (v)	[jaguaːrs]
leopardo (m)	leopards (v)	[leɔpards]
chita (f)	gepards (v)	[gɛpards]
pantera (f)	pantera (s)	[pantɛra]
puma (m)	puma (s)	[puma]
leopardo-das-neves (m)	sniega leopards (v)	[sniɛga leɔpards]
lince (m)	lūsis (v)	[luːsis]
coiote (m)	koijots (v)	[kɔijɔts]
chacal (m)	šakālis (v)	[ʃakaːlis]
hiena (f)	hiēna (s)	[xiɛːna]

175. Animais selvagens

animal (m)	dzīvnieks (v)	[dziːvniɛks]
besta (f)	zvērs (v)	[zvɛːrs]
esquilo (m)	vāvere (s)	[vaːvɛre]
ouriço (m)	ezis (v)	[ɛzis]
lebre (f)	zaķis (v)	[zatʲis]
coelho (m)	trusis (v)	[trusis]
texugo (m)	āpsis (v)	[aːpsis]
guaxinim (m)	jenots (v)	[jenɔts]
hamster (m)	kāmis (v)	[kaːmis]
marmota (f)	murkšķis (v)	[murkʃtʲis]
toupeira (f)	kurmis (v)	[kurmis]
rato (m)	pele (s)	[pɛle]
ratazana (f)	žurka (s)	[ʒurka]
morcego (m)	sikspārnis (v)	[sikspaːrnis]
arminho (m)	sermulis (v)	[sermulis]
zibelina (f)	sabulis (v)	[sabulis]
marta (f)	cauna (s)	[tsauna]
doninha (f)	zebiekste (s)	[zebiɛkste]
vison (m)	ūdele (s)	[uːdɛle]

castor (m)	bebrs (v)	[bebrs]
lontra (f)	ūdrs (v)	[u:drs]

cavalo (m)	zirgs (v)	[zirgs]
alce (m)	alnis (v)	[alnis]
veado (m)	briedis (v)	[briɛdis]
camelo (m)	kamielis (v)	[kamiɛlis]

bisão (m)	bizons (v)	[bizɔns]
auroque (m)	sumbrs (v)	[sumbrs]
búfalo (m)	bifelis (v)	[bifelis]

zebra (f)	zebra (s)	[zebra]
antílope (m)	antilope (s)	[antilɔpe]
corça (f)	stirna (s)	[stirna]
gamo (m)	dambriedis (v)	[dambriɛdis]
camurça (f)	kalnu kaza (s)	[kalnu kaza]
javali (m)	mežacūka (s)	[meʒatsu:ka]

baleia (f)	valis (v)	[valis]
foca (f)	ronis (v)	[rɔnis]
morsa (f)	valzirgs (v)	[valzirgs]
urso-marinho (m)	kotiks (v)	[kɔtiks]
golfinho (m)	delfīns (v)	[delfi:ns]

urso (m)	lācis (v)	[la:tsis]
urso (m) branco	baltais lācis (v)	[baltais la:tsis]
panda (m)	panda (s)	[panda]

macaco (em geral)	pērtiķis (v)	[pe:rtitʲis]
chimpanzé (m)	šimpanze (s)	[ʃimpanze]
orangotango (m)	orangutāns (v)	[ɔraŋguta:ns]
gorila (m)	gorilla (s)	[gɔrilla]
macaco (m)	makaks (v)	[makaks]
gibão (m)	gibons (v)	[gibɔns]

elefante (m)	zilonis (v)	[zilɔnis]
rinoceronte (m)	degunradzis (v)	[dɛgunradzis]
girafa (f)	žirafe (s)	[ʒirafe]
hipopótamo (m)	nīlzirgs (v)	[ni:lzirgs]

canguru (m)	ķengurs (v)	[tʲeŋgurs]
coala (m)	koala (s)	[kɔala]

mangusto (m)	mangusts (v)	[maŋgusts]
chinchila (m)	šinšilla (s)	[ʃinʃilla]
doninha-fedorenta (f)	skunkss (v)	[skunks]
porco-espinho (m)	dzeloņcūka (s)	[dzelɔɲtsu:ka]

176. Animais domésticos

gata (f)	kaķis (v)	[katʲis]
gato (m) macho	runcis (v)	[runtsis]
cão (m)	suns (v)	[suns]

cavalo (m)	**zirgs** (v)	[zirgs]
garanhão (m)	**ērzelis** (v)	[e:rzelis]
égua (f)	**ķēve** (s)	[tɨɛ:ve]

vaca (f)	**govs** (s)	[gɔvs]
touro (m)	**bullis** (v)	[bullis]
boi (m)	**vērsis** (v)	[vɛ:rsis]

ovelha (f)	**aita** (s)	[aita]
carneiro (m)	**auns** (v)	[auns]
cabra (f)	**kaza** (s)	[kaza]
bode (m)	**āzis** (v)	[a:zis]

burro (m)	**ēzelis** (v)	[ɛ:zelis]
mula (f)	**mūlis** (v)	[mu:lis]

porco (m)	**cūka** (s)	[tsu:ka]
leitão (m)	**sivēns** (v)	[sive:ns]
coelho (m)	**trusis** (v)	[trusis]

galinha (f)	**vista** (s)	[vista]
galo (m)	**gailis** (v)	[gailis]

pata (f)	**pīle** (s)	[pi:le]
pato (macho)	**pīļtēviņš** (v)	[pi:lʲte:viɲʃ]
ganso (m)	**zoss** (s)	[zɔs]

peru (m)	**tītars** (v)	[ti:tars]
perua (f)	**tītaru mātīte** (s)	[ti:taru ma:ti:te]

animais (m pl) domésticos	**mājdzīvnieki** (v dsk)	[ma:jdzi:vnɛki]
domesticado	**pieradināts**	[piɛradina:ts]
domesticar (vt)	**pieradināt**	[piɛradina:t]
criar (vt)	**audzēt**	[audze:t]

quinta (f)	**saimniecība** (s)	[saimnɛtsi:ba]
aves (f pl) domésticas	**mājputni** (v dsk)	[ma:jputni]
gado (m)	**liellopi** (v dsk)	[liɛllopi]
rebanho (m), manada (f)	**ganāmpulks** (v)	[gana:mpulks]

estábulo (m)	**zirgu stallis** (v)	[zirgu stallis]
pocilga (f)	**cūkkūts** (s)	[tsu:kku:ts]
estábulo (m)	**kūts** (s)	[ku:ts]
coelheira (f)	**trušu būda** (s)	[truʃu bu:da]
galinheiro (m)	**vistu kūts** (s)	[vistu ku:ts]

177. Cães. Raças de cães

cão (m)	**suns** (v)	[suns]
cão pastor (m)	**aitu suns** (v)	[aitu suns]
pastor-alemão (m)	**vācu aitu suns** (v)	[va:tsu aitu suns]
caniche (m)	**pūdelis** (v)	[pu:delis]
teckel (m)	**taksis** (v)	[taksis]
buldogue (m)	**buldogs** (v)	[buldɔgs]

boxer (m)	bokseris (v)	[bokseris]
mastim (m)	mastifs (v)	[mastifs]
rottweiler (m)	rotveilers (v)	[rɔtvɛilɛrs]
dobermann (m)	dobermanis (v)	[dɔbermanis]

basset (m)	basets (v)	[basets]
pastor inglês (m)	bobteils (v)	[bɔbtɛils]
dálmata (m)	dalmācietis (v)	[dalma:tsiɛtis]
cocker spaniel (m)	kokerspaniels (v)	[kɔkɛrspaniɛls]

| terra-nova (m) | ņūfaundlends (v) | [ɲu:faundlends] |
| são-bernardo (m) | sanbernārs (v) | [sanberna:rs] |

husky (m)	haskijs (v)	[xaskijs]
Chow-chow (m)	čau-čau (v)	[tʃau-tʃau]
spitz alemão (m)	špics (v)	[ʃpits]
carlindogue (m)	mopsis (v)	[mɔpsis]

178. Sons produzidos pelos animais

latido (m)	riešana (s)	[riɛʃana]
latir (vi)	riet	[riɛt]
miar (vi)	ņaudēšana	[ɲaude:ʃana]
ronronar (vi)	ņaudēt	[ɲaude:t]

mugir (vaca)	maurot	[maurɔt]
bramir (touro)	aurot	[aurɔt]
rosnar (vi)	rūkt	[ru:kt]

uivo (m)	kauciens (v)	[kautsiɛns]
uivar (vi)	kaukt	[kaukt]
ganir (vi)	smilkstēt	[smilkste:t]

balir (vi)	mēt	[me:t]
grunhir (porco)	rukšķēt	[rukʃtʲe:t]
guinchar (vi)	kviekt	[kviɛkt]

coaxar (sapo)	kurkstēt	[kurkste:t]
zumbir (inseto)	dūkt	[du:kt]
estridular, ziziar (vi)	sisināt	[sisina:t]

179. Pássaros

pássaro (m), ave (f)	putns (v)	[putns]
pombo (m)	balodis (v)	[balɔdis]
pardal (m)	zvirbulis (v)	[zvirbulis]
chapim-real (m)	zīlīte (s)	[zi:li:te]
pega-rabuda (f)	žagata (s)	[ʒagata]

corvo (m)	krauklis (v)	[krauklis]
gralha (f) cinzenta	vārna (s)	[va:rna]
gralha-de-nuca-cinzenta (f)	kovārnis (v)	[kɔva:rnis]

gralha-calva (f)	krauķis (v)	[krautʲis]
pato (m)	pīle (s)	[piːle]
ganso (m)	zoss (s)	[zɔs]
faisão (m)	fazāns (v)	[fazaːns]

águia (f)	ērglis (v)	[eːrglis]
açor (m)	vanags (v)	[vanags]
falcão (m)	piekūns (v)	[piɛkuːns]

abutre (m)	grifs (v)	[grifs]
condor (m)	kondors (v)	[kɔndɔrs]

cisne (m)	gulbis (v)	[gulbis]
grou (m)	dzērve (s)	[dzeːrve]
cegonha (f)	stārķis (v)	[staːrtʲis]

papagaio (m)	papagailis (v)	[papagailis]
beija-flor (m)	kolibri (v)	[kɔlibri]
pavão (m)	pāvs (v)	[paːvs]

avestruz (m)	strauss (v)	[straus]
garça (f)	gārnis (v)	[gaːrnis]

flamingo (m)	flamings (v)	[flamiŋgs]
pelicano (m)	pelikāns (v)	[pelikaːns]

rouxinol (m)	lakstīgala (s)	[laksti:gala]
andorinha (f)	bezdelīga (s)	[bezdeli:ga]

tordo-zornal (m)	strazds (v)	[strazds]
tordo-músico (m)	dziedātājstrazds (v)	[dziɛda:ta:jstrazds]
melro-preto (m)	melnais strazds (v)	[melnais strazds]

andorinhão (m)	svīre (s)	[svi:re]
cotovia (f)	cīrulis (v)	[tsi:rulis]
codorna (f)	paipala (s)	[paipala]

pica-pau (m)	dzenis (v)	[dzenis]
cuco (m)	dzeguze (s)	[dzɛguze]
coruja (f)	pūce (s)	[pu:tse]
corujão, bufo (m)	ūpis (v)	[u:pis]
tetraz-grande (m)	mednis (v)	[mednis]

tetraz-lira (m)	rubenis (v)	[rubenis]
perdiz-cinzenta (f)	irbe (s)	[irbe]

estorninho (m)	mājas strazds (v)	[ma:jas strazds]
canário (m)	kanārijputniņš (v)	[kana:rijputniɲʃ]
galinha-do-mato (f)	meža irbe (s)	[meʒa irbe]

tentilhão (m)	žubīte (s)	[ʒubi:te]
dom-fafe (m)	svilpis (v)	[svilpis]

gaivota (f)	kaija (s)	[kaija]
albatroz (m)	albatross (v)	[albatrɔs]
pinguim (m)	pingvīns (v)	[piŋgvi:ns]

180. Pássaros. Canto e sons

cantar (vi)	dziedāt	[dziɛda:t]
gritar (vi)	klaigāt	[klaiga:t]
cantar (o galo)	dziedāt	[dziɛda:t]
cocorocó (m)	kikerigī	[kikerigi:]

cacarejar (vi)	kladzināt	[kladzina:t]
crocitar (vi)	ķērkt	[tʲe:rkt]
grasnar (vi)	pēkšķēt	[pe:kʃtʲe:t]
piar (vi)	čiepstēt	[tʃiɛpste:t]
chilrear, gorjear (vi)	čivināt	[tʃivina:t]

181. Peixes. Animais marinhos

brema (f)	plaudis (v)	[plaudis]
carpa (f)	karpa (s)	[karpa]
perca (f)	asaris (v)	[asaris]
siluro (m)	sams (v)	[sams]
lúcio (m)	līdaka (s)	[li:daka]

salmão (m)	lasis (v)	[lasis]
esturjão (m)	store (s)	[stɔre]

arenque (m)	siļķe (s)	[silʲtʲe]
salmão (m)	lasis (v)	[lasis]
cavala, sarda (f)	skumbrija (s)	[skumbrija]
solha (f)	bute (s)	[bute]

lúcio perca (m)	zandarts (v)	[zandarts]
bacalhau (m)	menca (s)	[mentsa]
atum (m)	tuncis (v)	[tuntsis]
truta (f)	forele (s)	[fɔrɛle]

enguia (f)	zutis (v)	[zutis]
raia elétrica (f)	elektriskā raja (s)	[ɛlektriska: raja]
moreia (f)	murēna (s)	[murɛ:na]
piranha (f)	piraija (s)	[piraija]

tubarão (m)	haizivs (s)	[xaizivs]
golfinho (m)	delfīns (v)	[delfi:ns]
baleia (f)	valis (v)	[valis]

caranguejo (m)	krabis (v)	[krabis]
medusa, alforreca (f)	medūza (s)	[mɛdu:za]
polvo (m)	astoņkājis (v)	[astɔŋka:jis]

estrela-do-mar (f)	jūras zvaigzne (s)	[ju:ras zvaigzne]
ouriço-do-mar (m)	jūras ezis (v)	[ju:ras ezis]
cavalo-marinho (m)	jūras zirdziņš (v)	[ju:ras zirdziŋʃ]

ostra (f)	austere (s)	[austɛre]
camarão (m)	garnele (s)	[garnɛle]

| lavagante (m) | omārs (v) | [ɔmaːrs] |
| lagosta (f) | langusts (v) | [laŋgusts] |

182. Amfíbios. Répteis

| serpente, cobra (f) | čūska (s) | [tʃuːska] |
| venenoso | indīga | [indiːga] |

víbora (f)	odze (s)	[ɔdze]
cobra-capelo, naja (f)	kobra (s)	[kɔbra]
pitão (m)	pitons (v)	[pitɔns]
jiboia (f)	žņaudzējčūska (s)	[ʒɲaudzeːjtʃuːska]

cobra-de-água (f)	zalktis (v)	[zalktis]
cascavel (f)	klaburčūska (s)	[klaburtʃuːska]
anaconda (f)	anakonda (s)	[anakɔnda]

lagarto (m)	ķirzaka (s)	[tʲirzaka]
iguana (f)	iguāna (s)	[iguaːna]
varano (m)	varāns (v)	[varaːns]
salamandra (f)	salamandra (s)	[salamandra]
camaleão (m)	hameleons (v)	[xamɛleɔns]
escorpião (m)	skorpions (v)	[skɔrpiɔns]

tartaruga (f)	bruņurupucis (v)	[bruɲuruputsis]
rã (f)	varde (s)	[varde]
sapo (m)	krupis (v)	[krupis]
crocodilo (m)	krokodils (v)	[krɔkɔdils]

183. Insetos

inseto (m)	kukainis (v)	[kukainis]
borboleta (f)	taurenis (v)	[taurenis]
formiga (f)	skudra (s)	[skudra]
mosca (f)	muša (s)	[muʃa]
mosquito (m)	ods (v)	[ɔds]
escaravelho (m)	vabole (s)	[vabɔle]

vespa (f)	lapsene (s)	[lapsɛne]
abelha (f)	bite (s)	[bite]
mamangava (f)	kamene (s)	[kamɛne]
moscardo (m)	dundurs (v)	[dundurs]

| aranha (f) | zirneklis (v) | [zirneklis] |
| teia (f) de aranha | zirnekļtīkls (v) | [zirneklʲtiːkls] |

libélula (f)	spāre (s)	[spaːre]
gafanhoto-do-campo (m)	sienāzis (v)	[siɛnaːzis]
traça (f)	tauriņš (v)	[tauriɲʃ]

| barata (f) | prusaks (v) | [prusaks] |
| carraça (f) | ērce (s) | [eːrtse] |

pulga (f)	blusa (s)	[blusa]
borrachudo (m)	knislis (v)	[knislis]

gafanhoto (m)	sisenis (v)	[sisenis]
caracol (m)	gliemezis (v)	[gliɛmezis]
grilo (m)	circenis (v)	[tsirtsenis]
pirilampo (m)	jāņtārpiņš (v)	[ja:ɲta:rpiɲʃ]
joaninha (f)	mārīte (s)	[ma:ri:te]
besouro (m)	maijvabole (s)	[maijvabɔle]

sanguessuga (f)	dēle (s)	[dɛ:le]
lagarta (f)	kāpurs (v)	[ka:purs]
minhoca (f)	tārps (v)	[ta:rps]
larva (f)	kāpurs (v)	[ka:purs]

184. Animais. Partes do corpo

bico (m)	knābis (v)	[kna:bis]
asas (f pl)	spārni (v dsk)	[spa:rni]
pata (f)	putna kāja (s)	[putna ka:ja]
plumagem (f)	apspalvojums (v)	[apspalvɔjums]
pena, pluma (f)	putna spalva (s)	[putna spalva]
crista (f)	cekuliņš (v)	[tsɛkuliɲʃ]

brânquias, guelras (f pl)	žaunas (s dsk)	[ʒaunas]
ovas (f pl)	ikri (v dsk)	[ikri]
larva (f)	kāpurs (v)	[ka:purs]
barbatana (f)	spura (s)	[spura]
escama (f)	zvīņas (s dsk)	[zvi:ɲas]

canino (m)	ilknis (v)	[ilknis]
pata (f)	ķepa (s)	[tʲɛpa]
focinho (m)	purns (v)	[purns]
boca (f)	rīkle (s)	[ri:kle]
cauda (f), rabo (m)	aste (s)	[aste]
bigodes (m pl)	ūsas (s dsk)	[u:sas]

casco (m)	nags (v)	[nags]
corno (m)	rags (v)	[rags]

carapaça (f)	bruņas (s dsk)	[bruɲas]
concha (f)	gliemežvāks (v)	[gliɛmeʒva:ks]
casca (f) de ovo	čaula (s)	[tʃaula]

pelo (m)	vilna (s)	[vilna]
pele (f), couro (m)	āda (s)	[a:da]

185. Animais. Habitats

hábitat	dabiskā vide (s)	[dabiska: vide]
migração (f)	migrācija (s)	[migra:tsija]
montanha (f)	kalns (v)	[kalns]

171

recife (m)	**rifs** (v)	[rifs]
falésia (f)	**klints** (s)	[klints]
floresta (f)	**mežs** (v)	[meʒs]
selva (f)	**džungļi** (v dsk)	[dʒunglʲi]
savana (f)	**savanna** (s)	[savanna]
tundra (f)	**tundra** (s)	[tundra]
estepe (f)	**stepe** (s)	[stɛpe]
deserto (m)	**tuksnesis** (v)	[tuksnesis]
oásis (m)	**oāze** (s)	[ɔaːze]
mar (m)	**jūra** (s)	[juːra]
lago (m)	**ezers** (v)	[ɛzɛrs]
oceano (m)	**okeāns** (v)	[ɔkeaːns]
pântano (m)	**purvs** (v)	[purvs]
de água doce	**saldūdens**	[salduːdens]
lagoa (f)	**dīķis** (v)	[diːtʲis]
rio (m)	**upe** (s)	[upe]
toca (f) do urso	**midzenis** (v)	[midzenis]
ninho (m)	**ligzda** (s)	[ligzda]
buraco (m) de árvore	**dobums** (v)	[dɔbums]
toca (f)	**ala** (s)	[ala]
formigueiro (m)	**skudru pūznis** (v)	[skudru puːznis]

Flora

186. Árvores

árvore (f)	koks (v)	[kɔks]
decídua	lapu koks	[lapu kɔks]
conífera	skujkoks	[skujkɔks]
perene	mūžzaļš	[muːʒzaⁱʃ]

macieira (f)	ābele (s)	[aːbɛle]
pereira (f)	bumbiere (s)	[bumbiɛre]
cerejeira (f)	saldais ķirsis (v)	[saldais tⁱirsis]
ginjeira (f)	skābais ķirsis (v)	[skaːbais tⁱirsis]
ameixeira (f)	plūme (s)	[pluːme]

bétula (f)	bērzs (v)	[beːrzs]
carvalho (m)	ozols (v)	[ɔzɔls]
tília (f)	liepa (s)	[liɛpa]
choupo-tremedor (m)	apse (s)	[apse]
bordo (m)	kļava (s)	[klⁱava]
espruce-europeu (m)	egle (s)	[egle]
pinheiro (m)	priede (s)	[priɛde]
alerce, lariço (m)	lapegle (s)	[lapegle]
abeto (m)	dižegle (s)	[diʒegle]
cedro (m)	ciedrs (v)	[tsiɛdrs]

choupo, álamo (m)	papele (s)	[papɛle]
tramazeira (f)	pīlādzis (v)	[piːlaːdzis]
salgueiro (m)	vītols (v)	[viːtɔls]
amieiro (m)	alksnis (v)	[alksnis]
faia (f)	dižskābardis (v)	[diʒskaːbardis]
ulmeiro (m)	vīksna (s)	[viːksna]
freixo (m)	osis (v)	[ɔsis]
castanheiro (m)	kastaņa (s)	[kastaɲa]

magnólia (f)	magnolija (s)	[magnɔlija]
palmeira (f)	palma (s)	[palma]
cipreste (m)	ciprese (s)	[tsiprɛse]

mangue (m)	mango koks (v)	[maŋgɔ kɔks]
embondeiro, baobá (m)	baobabs (v)	[baɔbabs]
eucalipto (m)	eikalipts (v)	[ɛikalipts]
sequoia (f)	sekvoja (s)	[sekvɔja]

187. Arbustos

arbusto (m)	Krūms (v)	[kruːms]
arbusto (m), moita (f)	krūmājs (v)	[kruːmaːjs]

| videira (f) | vīnogas (v) | [vi:nɔgas] |
| vinhedo (m) | vīnogulājs (v) | [vi:nɔgula:js] |

framboeseira (f)	avenājs (v)	[avɛna:js]
groselheira-preta (f)	upeņu krūms (v)	[upɛɲu kru:ms]
groselheira-vermelha (f)	sarkano jāņogu krūms (v)	[sarkanɔ ja:ɲɔgu kru:ms]
groselheira (f) espinhosa	ērkšķogu krūms (v)	[e:rkʃtʲɔgu kru:ms]

acácia (f)	akācija (s)	[aka:tsija]
bérberis (f)	bārbele (s)	[ba:rbɛle]
jasmim (m)	jasmīns (v)	[jasmi:ns]

junípero (m)	kadiķis (v)	[kaditʲis]
roseira (f)	rožu krūms (v)	[rɔʒu kru:ms]
roseira (f) brava	mežroze (s)	[meʒrɔze]

188. Cogumelos

cogumelo (m)	sēne (s)	[sɛ:ne]
cogumelo (m) comestível	ēdama sēne (s)	[ɛ:dama sɛ:ne]
cogumelo (m) venenoso	indīga sēne (s)	[indi:ga sɛ:ne]
chapéu (m)	sēnes galviņa (s)	[sɛ:nes galviɲa]
pé, caule (m)	sēnes kājiņa (s)	[sɛ:nes ka:jiɲa]

boleto (m)	baravika (s)	[baravika]
boleto (m) alaranjado	apšu beka (s)	[apʃu bɛka]
míscaro (m) das bétulas	bērzu beka (s)	[be:rzu bɛka]
cantarela (f)	gailene (s)	[gailɛne]
rússula (f)	bērzlape (s)	[be:rzlape]

morchella (f)	lāčpurnis (v)	[la:tʃpurnis]
agário-das-moscas (m)	mušmire (s)	[muʃmire]
cicuta (f) verde	suņu sēne (s)	[suɲu sɛ:ne]

189. Frutos. Bagas

fruta (f)	auglis (v)	[auglis]
frutas (f pl)	augļi (v dsk)	[auglʲi]
maçã (f)	ābols (v)	[a:bɔls]
pera (f)	bumbieris (v)	[bumbiɛris]
ameixa (f)	plūme (s)	[plu:me]

morango (m)	zemene (s)	[zɛmɛne]
ginja (f)	skābais ķirsis (v)	[ska:bais tʲirsis]
cereja (f)	saldais ķirsis (v)	[saldais tʲirsis]
uva (f)	vīnoga (s)	[vi:nɔga]

framboesa (f)	avene (s)	[avɛne]
groselha (f) preta	upene (s)	[upɛne]
groselha (f) vermelha	sarkanā jāņoga (s)	[sarkana: ja:ɲɔga]
groselha (f) espinhosa	ērkšķoga (s)	[e:rkʃtʲɔga]
oxicoco (m)	dzērvene (s)	[dze:rvɛne]

laranja (f)	apelsīns (v)	[apɛlsi:ns]
tangerina (f)	mandarīns (v)	[mandari:ns]
ananás (m)	ananāss (v)	[anana:s]
banana (f)	banāns (v)	[bana:ns]
tâmara (f)	datele (s)	[datɛle]

limão (m)	citrons (v)	[tsitrɔns]
damasco (m)	aprikoze (s)	[aprikɔze]
pêssego (m)	persiks (v)	[pɛrsiks]
kiwi (m)	kivi (v)	[kivi]
toranja (f)	greipfrūts (v)	[grɛipfru:ts]

baga (f)	oga (s)	[ɔga]
bagas (f pl)	ogas (s dsk)	[ɔgas]
arando (m) vermelho	brūklene (s)	[bru:klɛne]
morango-silvestre (m)	meža zemene (s)	[meʒa zɛmɛne]
mirtilo (m)	mellene (s)	[mellɛne]

190. Flores. Plantas

| flor (f) | zieds (v) | [ziɛds] |
| ramo (m) de flores | ziedu pušķis (v) | [ziɛdu puʃtis] |

rosa (f)	roze (s)	[rɔze]
tulipa (f)	tulpe (s)	[tulpe]
cravo (m)	neļķe (s)	[nelʲtʲe]
gladíolo (m)	gladiola (s)	[gladiɔla]

centáurea (f)	rudzupuķīte (s)	[rudzuputʲi:te]
campânula (f)	pulkstenīte (s)	[pulksteni:te]
dente-de-leão (m)	pienenīte (s)	[piɛneni:te]
camomila (f)	kumelīte (s)	[kumeli:te]

aloé (m)	alveja (s)	[alveja]
cato (m)	kaktuss (v)	[kaktus]
fícus (m)	gumijkoks (v)	[gumijkɔks]

lírio (m)	lilija (s)	[lilija]
gerânio (m)	ģerānija (s)	[dʲɛra:nija]
jacinto (m)	hiacinte (s)	[xiatsinte]

mimosa (f)	mimoza (s)	[mimɔza]
narciso (m)	narcise (s)	[nartsise]
capuchinha (f)	krese (s)	[krɛse]

orquídea (f)	orhideja (s)	[ɔrxideja]
peónia (f)	pujene (s)	[pujene]
violeta (f)	vijolīte (s)	[vijɔli:te]

amor-perfeito (m)	atraitnītes (s dsk)	[atraitni:tes]
não-me-esqueças (m)	neaizmirstule (s)	[neaizmirstule]
margarida (f)	margrietiņa (s)	[margriɛtiɲa]
papoula (f)	magone (s)	[magɔne]
cânhamo (m)	kaņepe (s)	[kaɲɛpe]

hortelã (f)	mētra (s)	[me:tra]
lírio-do-vale (m)	maijpuķīte (s)	[maijputʲi:te]
campânula-branca (f)	sniegpulkstenīte (s)	[sniɛgpulksteni:te]

urtiga (f)	nātre (s)	[na:tre]
azeda (f)	skābene (s)	[ska:bɛne]
nenúfar (m)	ūdensroze (s)	[u:densrɔze]
feto (m), samambaia (f)	paparde (s)	[paparde]
líquen (m)	ķērpis (v)	[tʲe:rpis]

estufa (f)	oranžērija (s)	[ɔranʒe:rija]
relvado (m)	zālājs (v)	[za:la:js]
canteiro (m) de flores	puķu dobe (s)	[putʲu dɔbe]

planta (f)	augs (v)	[augs]
erva (f)	zāle (s)	[za:le]
folha (f) de erva	zālīte (s)	[za:li:te]

folha (f)	lapa (s)	[lapa]
pétala (f)	lapiņa (s)	[lapiɲa]
talo (m)	stiebrs (v)	[stiɛbrs]
tubérculo (m)	bumbulis (v)	[bumbulis]

| broto, rebento (m) | dīglis (v) | [di:glis] |
| espinho (m) | ērkšķis (v) | [e:rkʃtʲis] |

florescer (vi)	ziedēt	[ziɛde:t]
murchar (vi)	novīt	[nɔvi:t]
cheiro (m)	smarža (s)	[smarʒa]
cortar (flores)	nogriezt	[nɔgriɛzt]
colher (uma flor)	noplūkt	[nɔplu:kt]

191. Cereais, grãos

grão (m)	graudi (v dsk)	[graudi]
cereais (plantas)	graudaugi (v dsk)	[graudaugi]
espiga (f)	vārpa (s)	[va:rpa]

trigo (m)	kvieši (v dsk)	[kviɛʃi]
centeio (m)	rudzi (v dsk)	[rudzi]
aveia (f)	auzas (s dsk)	[auzas]

| milho-miúdo (m) | prosa (s) | [prɔsa] |
| cevada (f) | mieži (v dsk) | [miɛʒi] |

milho (m)	kukurūza (s)	[kukuru:za]
arroz (m)	rīsi (v dsk)	[ri:si]
trigo-sarraceno (m)	griķi (v dsk)	[gritʲi]

ervilha (f)	zirnis (v)	[zirnis]
feijão (m)	pupiņas (s dsk)	[pupiɲas]
soja (f)	soja (s)	[sɔja]
lentilha (f)	lēcas (s dsk)	[le:tsas]
fava (f)	pupas (s dsk)	[pupas]

GEOGRAFIA REGIONAL

Países. Nacionalidades

192. Política. Governo. Parte 1

política (f)	politika (s)	[politika]
político	politiskais	[politiskais]
político (m)	politiķis (v)	[polititʲis]
estado (m)	valsts (s)	[valsts]
cidadão (m)	pilsonis (v)	[pilsɔnis]
cidadania (f)	pilsonība (s)	[pilsɔni:ba]
brasão (m) de armas	valsts ģerbonis (v)	[valsts dʲerbɔnis]
hino (m) nacional	valsts himna (s)	[valsts ximna]
governo (m)	valdība (s)	[valdi:ba]
Chefe (m) de Estado	valsts vadītājs (v)	[valsts vadi:ta:js]
parlamento (m)	parlaments (v)	[parlaments]
partido (m)	partija (s)	[partija]
capitalismo (m)	kapitālisms (v)	[kapita:lisms]
capitalista	kapitālistiskais	[kapita:listiskais]
socialismo (m)	sociālisms (v)	[sɔtsia:lisms]
socialista	sociālistiskais	[sɔtsia:listiskais]
comunismo (m)	komunisms (v)	[kɔmunisms]
comunista	komunistiskais	[kɔmunistiskais]
comunista (m)	komunists (v)	[kɔmunists]
democracia (f)	demokrātija (s)	[demɔkra:tija]
democrata (m)	demokrāts (v)	[demɔkra:ts]
democrático	demokrātiskais	[demɔkra:tiskais]
Partido (m) Democrático	demokrātiskā partija (s)	[demɔkra:tiska: partija]
liberal (m)	liberālis (v)	[libɛra:lis]
liberal	liberāls	[libɛra:ls]
conservador (m)	konservatīvais (v)	[kɔnservati:vais]
conservador	konservatīvs	[kɔnservati:vs]
república (f)	republika (s)	[rɛpublika]
republicano (m)	republikānis (v)	[rɛpublika:nis]
Partido (m) Republicano	republikāniskā partija (s)	[rɛpublika:niska: partija]
eleições (f pl)	vēlēšanas (s dsk)	[vɛ:le:ʃanas]
eleger (vt)	vēlēt	[vɛ:le:t]

| eleitor (m) | vēlētājs (v) | [vɛːlɛːtaːjs] |
| campanha (f) eleitoral | vēlēšanu kampaņa (s) | [vɛːleːʃanu kampaɲa] |

votação (f)	balsošana (s)	[balsɔʃana]
votar (vi)	balsot	[balsɔt]
direito (m) de voto	balsstiesības (s dsk)	[balstiɛsiːbas]

candidato (m)	kandidāts (v)	[kandidaːts]
candidatar-se (vi)	kandidēt	[kandideːt]
campanha (f)	kampaņa (s)	[kampaɲa]

| da oposição | opozīcijas | [ɔpɔziːtsijas] |
| oposição (f) | opozīcija (s) | [ɔpɔziːtsija] |

visita (f)	vizīte (s)	[viziːte]
visita (f) oficial	oficiālā vizīte (s)	[ɔfitsiaːlaː viziːte]
internacional	starptautisks	[starptautisks]

| negociações (f pl) | sarunas (s dsk) | [sarunas] |
| negociar (vi) | vest pārrunas | [vest paːrrunas] |

193. Política. Governo. Parte 2

sociedade (f)	sabiedrība (s)	[sabiɛdriːba]
constituição (f)	konstitūcija (s)	[kɔnstituːtsija]
poder (ir para o ~)	vara (s)	[vara]
corrupção (f)	korupcija (s)	[kɔruptsija]

| lei (f) | likums (v) | [likums] |
| legal | likumīgs | [likumiːgs] |

| justiça (f) | taisnība (s) | [taisniːba] |
| justo | taisnīgs | [taisniːgs] |

comité (m)	komiteja (s)	[kɔmiteja]
projeto-lei (m)	likumprojekts (v)	[likumprɔjekts]
orçamento (m)	budžets (v)	[budʒets]
política (f)	politika (s)	[pɔlitika]
reforma (f)	reforma (s)	[refɔrma]
radical	radikāls	[radikaːls]

força (f)	spēks (v)	[speːks]
poderoso	varens	[varens]
partidário (m)	piekritējs (v)	[piɛkriteːjs]
influência (f)	ietekme (s)	[iɛtekme]

regime (m)	režīms (v)	[reʒiːms]
conflito (m)	konflikts (v)	[kɔnflikts]
conspiração (f)	sazvērestība (s)	[sazvɛːrestiːba]
provocação (f)	provokācija (s)	[prɔvɔkaːtsija]

derrubar (vt)	nogāzt	[nɔgaːzt]
derrube (m), queda (f)	gāšana (s)	[gaːʃana]
revolução (f)	revolūcija (s)	[revɔluːtsija]

| golpe (m) de Estado | apvērsums (v) | [apvɛ:rsums] |
| golpe (m) militar | militārais apvērsums (v) | [milita:rais apvɛ:rsums] |

crise (f)	krīze (s)	[kri:ze]
recessão (f) económica	ekonomikas lejupeja (s)	[ekɔnɔmikas lejupeja]
manifestante (m)	demonstrants (v)	[demɔnstrants]
manifestação (f)	demonstrācija (s)	[demɔnstra:tsija]
lei (f) marcial	kara stāvoklis (v)	[kara sta:vɔklis]
base (f) militar	kara bāze (s)	[kara ba:ze]

| estabilidade (f) | stabilitāte (s) | [stabilita:te] |
| estável | stabils | [stabils] |

| exploração (f) | ekspluatācija (s) | [ekspluata:tsija] |
| explorar (vt) | ekspluatēt | [ekspluate:t] |

racismo (m)	rasisms (v)	[rasisms]
racista (m)	rasists (v)	[rasists]
fascismo (m)	fašisms (v)	[faʃisms]
fascista (m)	fašists (v)	[faʃists]

194. Países. Diversos

estrangeiro (m)	ārzemnieks (v)	[a:rzemniɛks]
estrangeiro	ārzemju	[a:rzemju]
no estrangeiro	ārzemēs	[a:rzɛme:s]

emigrante (m)	emigrants (v)	[emigrants]
emigração (f)	emigrācija (s)	[emigra:tsija]
emigrar (vi)	emigrēt	[emigre:t]

Ocidente (m)	Rietumi (v dsk)	[riɛtumi]
Oriente (m)	Austrumi (v dsk)	[austrumi]
Extremo Oriente (m)	Tālie Austrumi (v dsk)	[ta:liɛ austrumi]

civilização (f)	civilizācija (s)	[tsiviliza:tsija]
humanidade (f)	cilvēce (s)	[tsilve:tse]
mundo (m)	pasaule (s)	[pasaule]
paz (f)	miers (v)	[miɛrs]
mundial	pasaules	[pasaules]

pátria (f)	dzimtene (s)	[dzimtɛne]
povo (m)	tauta (s)	[tauta]
população (f)	iedzīvotāji (v dsk)	[iɛdzi:vɔta:ji]
gente (f)	cilvēki (v dsk)	[tsilve:ki]
nação (f)	nācija (s)	[na:tsija]
geração (f)	paaudze (s)	[paaudze]

território (m)	teritorija (s)	[teritɔrija]
região (f)	reģions (v)	[redʲiɔns]
estado (m)	štats (v)	[ʃtats]

| tradição (f) | tradīcija (s) | [tradi:tsija] |
| costume (m) | paraža (s) | [paraʒa] |

ecologia (f)	ekoloģija (s)	[ekɔlɔdʲija]
índio (m)	indiānis (v)	[india:nis]
cigano (m)	čigāns (v)	[tʃiga:ns]
cigana (f)	čigāniete (s)	[tʃiga:niɛte]
cigano	čigānu	[tʃiga:nu]

império (m)	impērija (s)	[impe:rija]
colónia (f)	kolonija (s)	[kɔlɔnija]
escravidão (f)	verdzība (s)	[verdzi:ba]
invasão (f)	iebrukums (v)	[iɛbrukums]
fome (f)	bads (v)	[bads]

195. Grupos religiosos mais importantes. Confissões

| religião (f) | reliģija (s) | [relidʲija] |
| religioso | reliģiozs | [relidʲiozs] |

crença (f)	ticība (s)	[titsi:ba]
crer (vt)	ticēt	[titse:t]
crente (m)	ticīgais (v)	[titsi:gais]

| ateísmo (m) | ateisms (v) | [atɛisms] |
| ateu (m) | ateists (v) | [atɛists] |

cristianismo (m)	kristiānisms (v)	[kristia:nisms]
cristão (m)	kristietis (v)	[kristiɛtis]
cristão	kristīgs	[kristi:gs]

catolicismo (m)	Katolicisms (v)	[katɔlitsisms]
católico (m)	katolis (v)	[katɔlis]
católico	katoļu	[katɔlʲu]

protestantismo (m)	Protestantisms (v)	[prɔtestantisms]
Igreja (f) Protestante	Protestantu baznīca (s)	[prɔtestantu bazni:tsa]
protestante (m)	protestants (v)	[prɔtestants]

ortodoxia (f)	Pareizticība (s)	[parɛiztitsi:ba]
Igreja (f) Ortodoxa	Pareizticīgo baznīca (s)	[parɛiztitsi:gɔ bazni:tsa]
ortodoxo (m)	pareizticīgais	[parɛiztitsi:gais]

presbiterianismo (m)	Prezbiteriānisms (v)	[prezbiteria:nisms]
Igreja (f) Presbiteriana	Prezbiteriāņu baznīca (s)	[prezbiteria:ɲu bazni:tsa]
presbiteriano (m)	prezbiteriānis (v)	[prezbiteria:nis]

| Igreja (f) Luterana | Luteriskā baznīca (s) | [luteriska: bazni:tsa] |
| luterano (m) | luterānis (v) | [lutɛra:nis] |

| Igreja (f) Batista | Baptisms (v) | [baptisms] |
| batista (m) | baptists (v) | [baptists] |

Igreja (f) Anglicana	Anglikāņu baznīca (s)	[aŋglika:ɲu bazni:tsa]
anglicano (m)	anglikānis (v)	[aŋglika:nis]
mormonismo (m)	Mormonisms (v)	[mɔrmɔnisms]
mórmon (m)	mormonis (v)	[mɔrmɔnis]

Judaísmo (m)	Jūdaisms (v)	[ju:daisms]
judeu (m)	jūds (v)	[ju:ds]
budismo (m)	Budisms (v)	[budisms]
budista (m)	budists (v)	[budists]
hinduísmo (m)	Hinduisms (v)	[xinduisms]
hindu (m)	hinduists (v)	[xinduists]
Islão (m)	Islāms (v)	[isla:ms]
muçulmano (m)	musulmanis (v)	[musulmanis]
muçulmano	musulmaņu	[musulmaɲu]
Xiismo (m)	Šiisms (v)	[ʃiisms]
xiita (m)	šiīts (v)	[ʃii:ts]
sunismo (m)	Sunnisms (v)	[sunnisms]
sunita (m)	sunnīts (v)	[sunni:ts]

196. Religiões. Padres

padre (m)	priesteris (v)	[priɛsteris]
Papa (m)	Romas pāvests (v)	[rɔmas pa:vests]
monge (m)	mūks (v)	[mu:ks]
freira (f)	mūķene (s)	[mu:tʲɛne]
pastor (m)	mācītājs (v)	[ma:tsi:ta:js]
abade (m)	abats (v)	[abats]
vigário (m)	vikārs (v)	[vika:rs]
bispo (m)	bīskaps (v)	[bi:skaps]
cardeal (m)	kardināls (v)	[kardina:ls]
pregador (m)	sprediķotājs (v)	[spreditʲɔta:js]
sermão (m)	sprediķis (v)	[spreditʲis]
paroquianos (pl)	draudze (s)	[draudze]
crente (m)	ticīgais (v)	[titsi:gais]
ateu (m)	ateists (v)	[atɛists]

197. Fé. Cristianismo. Islão

Adão	Ādams (v)	[a:dams]
Eva	Ieva (s)	[iɛva]
Deus (m)	Dievs (v)	[diɛvs]
Senhor (m)	Dievs Kungs (v)	[diɛvs kuŋgs]
Todo Poderoso (m)	Dievs Visvarens (v)	[diɛvs visvarens]
pecado (m)	grēks (v)	[gre:ks]
pecar (vi)	grēkot	[gre:kɔt]
pecador (m)	grēcinieks (v)	[gre:tsiniɛks]

pecadora (f)	grēciniece (s)	[gre:tsiniɛtse]
inferno (m)	elle (s)	[elle]
paraíso (m)	paradīze (s)	[paradi:ze]

Jesus	Jēzus (v)	[je:zus]
Jesus Cristo	Jēzus Kristus (v)	[je:zus kristus]

Espírito (m) Santo	Svētais Gars (v)	[svɛ:tais gars]
Salvador (m)	Pestītājs (v)	[pesti:ta:js]
Virgem Maria (f)	Dievmāte (s)	[diɛvma:te]

Diabo (m)	Velns (v)	[velns]
diabólico	velnišķīgs	[velniʃti:gs]
Satanás (m)	Sātans (v)	[sa:tans]
satânico	sātanisks	[sa:tanisks]

anjo (m)	eņģelis (v)	[eŋdʲelis]
anjo (m) da guarda	sargeņģelis (v)	[sargeŋdʲelis]
angélico	eņģelisks	[eŋdʲelisks]

apóstolo (m)	apustulis (v)	[apustulis]
arcanjo (m)	ercenģelis (v)	[ertsendʲelis]
anticristo (m)	antikrists (v)	[antikrists]

Igreja (f)	Baznīca (s)	[bazni:tsa]
Bíblia (f)	Bībele (s)	[bi:bɛle]
bíblico	Bībeles	[bi:bɛles]

Velho Testamento (m)	Vecā derība (s)	[vetsa: deri:ba]
Novo Testamento (m)	Jaunā derība (s)	[jauna: deri:ba]
Evangelho (m)	Evaņģēlijs (v)	[ɛvaŋdʲe:lijs]
Sagradas Escrituras (f pl)	Svētie raksti (v dsk)	[sve:tiɛ raksti]
Céu (m)	Debesu Valstība (s)	[dɛbɛsu valsti:ba]

mandamento (m)	bauslis (v)	[bauslis]
profeta (m)	pareģis (v)	[paredʲis]
profecia (f)	pareģojums (v)	[paredʲojums]

Alá	Allāhs (v)	[alla:xs]
Maomé	Muhameds (v)	[muxameds]
Corão, Alcorão (m)	Korāns (v)	[kɔra:ns]

mesquita (f)	mošeja (s)	[mɔʃeja]
mulá (m)	mulla (v)	[mulla]
oração (f)	lūgšana (s)	[lu:gʃana]
rezar, orar (vi)	lūgties	[lu:gtiɛs]

peregrinação (f)	svētceļojums (v)	[sve:ttselʲojums]
peregrino (m)	svētceļotājs (v)	[sve:ttselʲota:js]
Meca (f)	Meka (s)	[mɛka]

igreja (f)	baznīca (s)	[bazni:tsa]
templo (m)	dievnams (v)	[diɛvnams]
catedral (f)	katedrāle (s)	[katedra:le]
gótico	gotisks	[gɔtisks]
sinagoga (f)	sinagoga (s)	[sinagɔga]

mesquita (f)	mošeja (s)	[mɔʃeja]
capela (f)	kapela (s)	[kapɛla]
abadia (f)	abatija (s)	[abatija]
convento (m)	klosteris (v)	[klɔsteris]
mosteiro (m)	klosteris (v)	[klɔsteris]

sino (m)	zvans (v)	[zvans]
campanário (m)	zvanu tornis (v)	[zvanu tɔrnis]
repicar (vi)	zvanīt zvanus	[zvani:t zvanus]

cruz (f)	krusts (v)	[krusts]
cúpula (f)	kupols (v)	[kupɔls]
ícone (m)	svētbilde (s)	[sve:tbilde]

alma (f)	dvēsele (s)	[dve:sɛle]
destino (m)	liktenis (v)	[liktenis]
mal (m)	ļaunums (v)	[lʲaunums]
bem (m)	labums (v)	[labums]

vampiro (m)	vampīrs (v)	[vampi:rs]
bruxa (f)	ragana (s)	[ragana]
demónio (m)	dēmons (v)	[de:mɔns]
espírito (m)	gars (v)	[gars]

redenção (f)	vainas izpirkšana (s)	[vainas izpirkʃana]
redimir (vt)	izpirkt	[izpirkt]

missa (f)	kalpošana (s)	[kalpoʃana]
celebrar a missa	kalpot	[kalpot]
confissão (f)	grēksūdze (s)	[gre:ksu:dze]
confessar-se (vr)	sūdzēt grēkus	[su:dze:t grɛ:kus]

santo (m)	svētais (v)	[svɛ:tais]
sagrado	svēts	[sve:ts]
água (f) benta	svētais ūdens (v)	[svɛ:tais u:dens]

ritual (m)	rituāls (v)	[ritua:ls]
ritual	rituāls	[ritua:ls]
sacrifício (m)	upurēšana (s)	[upure:ʃana]

superstição (f)	māņticība (s)	[ma:ɲtitsi:ba]
supersticioso	māņticīgs	[ma:ɲtitsi:gs]
vida (f) depois da morte	aizkapa dzīve (s)	[aizkapa dzi:ve]
vida (f) eterna	mūžīga dzīve (s)	[mu:ʒi:ga dzi:ve]

TEMAS DIVERSOS

198. Várias palavras úteis

ajuda (f)	palīdzība (s)	[paliːdziːba]
barreira (f)	šķērslis (v)	[ʃtʲɛːrslis]
base (f)	bāze (s)	[baːze]
categoria (f)	kategorija (s)	[kategɔrija]
causa (f)	iemesls (v)	[iɛmesls]

coincidência (f)	sakritība (s)	[sakritiːba]
coisa (f)	lieta (s)	[liɛta]
começo (m)	sākums (v)	[saːkums]
cómodo (ex. poltrona ~a)	ērts	[eːrts]
comparação (f)	salīdzināšana (s)	[saliːdzinaːʃana]

compensação (f)	kompensācija (s)	[kɔmpensaːtsija]
crescimento (m)	augšana (s)	[augʃana]
desenvolvimento (m)	attīstība (s)	[attiːstiːba]
diferença (f)	atšķirība (s)	[atʃtʲiriːba]
efeito (m)	efekts (v)	[efekts]

elemento (m)	elements (v)	[ɛlɛments]
equilíbrio (m)	bilance (s)	[bilantse]
erro (m)	kļūda (s)	[klʲuːda]
esforço (m)	spēks (v)	[speːks]
estilo (m)	stils (v)	[stils]

exemplo (m)	paraugs (v)	[paraugs]
facto (m)	fakts (v)	[fakts]
fim (m)	beigas (s dsk)	[bɛigas]
forma (f)	forma (s)	[fɔrma]

frequente	biežs	[biɛʒs]
fundo (ex. ~ verde)	fons (v)	[fɔns]
género (tipo)	veids (v)	[vɛids]
grau (m)	pakāpe (s)	[pakaːpe]
ideal (m)	ideāls (v)	[ideaːls]

labirinto (m)	labirints (v)	[labirints]
modo (m)	veids (v)	[vɛids]
momento (m)	brīdis (v)	[briːdis]
objeto (m)	objekts (v)	[ɔbjekts]
obstáculo (m)	šķērslis (v)	[ʃtʲɛːrslis]

original (m)	oriģināls (v)	[ɔridʲinaːls]
padrão	standarta	[standarta]
padrão (m)	standarts (v)	[standarts]
paragem (pausa)	apstāšanās (s)	[apstaːʃanaːs]
parte (f)	daļa (s)	[dalʲa]

partícula (f)	daļiņa (s)	[dalʲiŋa]
pausa (f)	pauze (s)	[pauze]
posição (f)	pozīcija (s)	[pɔziːtsija]
princípio (m)	princips (v)	[printsips]
problema (m)	problēma (s)	[prɔblɛːma]
processo (m)	process (v)	[prɔtses]
progresso (m)	progress (v)	[prɔgres]
propriedade (f)	īpašība (s)	[iːpaʃiːba]
reação (f)	reakcija (s)	[reaktsija]
risco (m)	risks (v)	[risks]
ritmo (m)	temps (v)	[temps]
segredo (m)	noslēpums (v)	[nɔslɛːpums]
série (f)	sērija (s)	[seːrija]
sistema (m)	sistēma (s)	[sistɛːma]
situação (f)	situācija (s)	[situaːtsija]
solução (f)	risinājums (v)	[risinaːjums]
tabela (f)	tabula (s)	[tabula]
termo (ex. ~ técnico)	termins (v)	[termins]
tipo (m)	tips (v)	[tips]
urgente	steidzams	[stɛidzams]
urgentemente	steidzami	[stɛidzami]
utilidade (f)	labums (v)	[labums]
variante (f)	variants (v)	[variants]
variedade (f)	izvēle (s)	[izvɛːle]
verdade (f)	patiesība (s)	[patiɛsiːba]
vez (f)	rinda (s)	[rinda]
zona (f)	zona (s)	[zɔna]